Yamato-gokoro

「大和心《やまとごころ》」で生きる

神道のルーツ
〔縄文JOMONスピリット〕

伊勢神宮参事
吉川竜実

きずな出版

はじめに

すべてはつながり――私たちが今ここにいるわけ

神道と縄文文化が教えてくれる本当の幸せ

私たちが「幸せ」や「豊かさ」と呼ぶものは、時代や状況によって変化していきます。あなたにとって、幸せや豊かさとはどのようなものでしょうか？

私たち日本人は、1990年頃からの時代の流れとともに、〝物質的な豊かさ〟から〝精神的な豊かさ〟へと徐々に意識の方向性を変えてきました。特に阪神淡路大震災や東日本大震災以降は、「本当の幸せや豊かさとは何か？」という問いに多くの人々の意識が向いたのではないでしょうか。

また数年前のコロナ禍の影響で日々の暮らしの中で、最低限必要な物事と必ずしもなくても済む物事との区別が明らかにされ、いよいよ「幸せや豊かさの本質」について真剣に考えなければならない時期となっているといえるのでないでしょうか。

ここで大切なのは、他人や社会の基準ではなく、「自分自身がどう感じるか」という視点です。

たとえば、かりにもし10億円という資産を保有し富裕層に属していたとしても、本人が孤独で、幸せで豊かだと思っていなければ、幸せや豊かとはいえません。

ただ、経済的にそれほど裕福ではなかったとしても、家族みんなが笑って健康に過ごせているならば、その人は幸せで豊かであるといえるのではないでしょうか。

幸せや豊かさというのは、画一的な定義があるわけではなく、本人が幸せで豊かであると感じたときにだけ訪れるものではないかと思います。

「本当は自分の意識が現実を創っているのではないか」という認識は、インターネットの普及、そして昨今のスピリチュアルブームなどがきっかけとなり、急速に広まってきたように感じます。

ですが、若い世代が肌で感じているこの認識は、一時の流行といった類《たぐ》いのものではなく、むしろ、もともと日本人が生まれながらに持っている感性（アイデンティティー）＝大和心であり、私たちのおじいちゃんやおばあちゃんが昔から有していた、ごくごく一般的なものではないかと思われます。

アイデンティティーとは、個人または集団が本質的に持っている、他とは異なる性質や特徴のこと。個性、独自性。または、同じ性質や特徴を持つ者に対する一体感や帰属意識のことです。

受け入れる力——神さまの教えにある平和への道

私たち日本人が持つ「大和心」という言葉には、内側にある感性や価値観が表れています。その一端をここで紐解いていきましょう。

「日本人の感性（アイデンティティー）」とは、どのようなものなのでしょうか。

代表的なものを2点ほどあげておきたいと思います。

一つには、内へと向かう志向性があげられます。

「足るを知る」という言葉があるように、もっともっと、と資源や領土を求めて拡大や拡張を続けるような外側へ向かう志向性よりも、どちらかといえば、「今あるものの中で幸せを感じればよい」という自分の内側に意識を向ける感性（アイデンティティー）があります。

もう一つには、日本人は、正月には神社参りをし8月の盆には仏教で祖先に思いを馳せ、12月のクリスマスでは教会で祈りを捧げるというように、さまざまな宗教を信じその習慣や行事を楽しみながら行うことができるという感性（アイデンティティー）を有しています。

これは、

「この世にあるすべてのものには神が宿り、すべての存在には意味がある」

というアニミズム的な信仰が昔から培われてきたことの表れではないかと思います。

アニミズムとは、雷や火などの自然現象や、岩石や樹木など、生物・無生物を問わず、すべてのものに霊魂の存在があって意識や個性があるとすることです。

「来るものは拒《こば》まずできるだけ受け入れる」という姿勢は、一見すれば非常に消極的・受動的に捉えられてしまうこともあるでしょう。

しかし言い換えれば、「これはダメだ」「これは間違っている」といちいちジャッジせず、できるだけ相手を認めて〝受け入れる〟ということではないでしょうか。

渡来したさまざまな宗教を信じ自分たちの暮らしを豊かにしてきたのは、すべての存在に対して尊敬の念を持ち、「私とあなたは違う、違うからこそ認め合う」という本質的な感性を日本人は持っていたからでもあります。

これらの感性は、単なる伝統ではなく、私たちが未来に向けて生かすべき「生きるヒント」を内包しているのです。

イギリスの文明史家であるアーノルド・トインビー氏（１８８９〜１９７５）は、１９６７年に伊勢神宮を参拝した折、次のような感想を毛筆で綴られています。

Here, in this holy place, I feel the underlying unity of all religions.

「この聖地において、私はあらゆる宗教の根底に流れる統一性を感得する」

この言葉は、世界のあらゆる宗教の根底には必ずアニミズム的な信仰が存在し、また伊勢神宮にはそれらを統一する可能性さえ見出されたことを示唆しているのではないか、と思われますがいかがでしょうか。

わが国でさまざまな宗教が共存できたのは、ひとえにアニミズム的信仰ともいえる感性を日本人は持ち、「さまざまな宗教はその形式と表現の方法が違うだけで根源的なところでは同じでつながっているのではないか」ということを肌で感じ取ってきたからではないでしょうか。

このような感性を持つ民族は世界でも非常に珍しいものでありながら、多くの日本人はそのことを「自覚」していません。しかし、この感性の中にこそ「平和と幸福」の大きなヒントがあるように思えてならないのです。

奇《く》しくも今、若者たちを中心に多くの方々が、

「誰もがお互いを尊重し共存できる世界に平和があり、

その世界で幸福は自分で感じるもの」

という気づきを得はじめ、日本人の感性（アイデンティティー）の本質＝大和心に立ち返りつつあるように思います。

まるで自己のアイデンティティーを探すべく、お伊勢参りに訪れた若者たちは、こうした本質に宇治橋を渡られた瞬間やご神域に入られた途端に気づかれる方もいれば、都会に戻ってから5年、あるいは10年ほど経ったある日にハッと気づかれる方もいます。

気づくタイミングは人それぞれであって、それはどちらでもいいことです。

大事なことは、日本はこれからの世代を中核にして、世界に先駆けて、こうした伝統的な「日本人の感性（アイデンティティー）」、換言すれば「大和心（＝神道やそのルーツである縄文文化）」を、もう一度自覚し、確立していくことではないか、と強く感じています。そして世界に向けてそれを発信していければ……と思っているのです。

ただ、世界をどのように大きく変革するかというのは神々の意志にご委任すべきことであって、私たちが実践すべきは日常の在り方をどのように考え、どのように捉えて暮らしていくのかのほうです。

したがって、お伊勢参りから戻ってきた後の日常生活こそが、「主」に意識を置く場所であり、お伊勢参りはあくまでもその「主」を支える「従」であるということではないでしょうか。

今後の自らの日々の在り方そのものが、これからの共存型社会（コミュニティー社会）を迎えるにあたって、それがいかに形成され機能されていくかの重要なポイントになるのではないかと感じています。

私たち一人ひとりが、この大和心の中に宿る「平和のヒント」に気づき、それを日常の中で生かしていけたらと思います。

伊勢神宮参事
吉川竜実

〔目次〕

第2章

縄文のＤＮＡ――心のやすらぎと命のつながり

第3章

海と月の神さまに導かれて生きる

第4章

大和心と縄文の精神で未来を開いていこう

おわりに

「大和心《やまとごころ》」で生きる

神道のルーツ［縄文JOMONスピリット］

第1章

自然とともに生きる私たちのルーツを探る

神道の本質——
調和と秩序のアニミズム

「形見とて　何か残さむ　春は花　夏ほととぎす　秋はもみぢ葉」

これは良寛《りょうかん》（1758〜1831）の辞世の句ですが、四季の移ろいと自然への感謝が表現されています。

日本という国には、美しい四季があります。

私たちは、桜を見て春の訪れを知り、ひぐらしの声を聞いて夏の夕暮れを感じ、紅葉を愛でて秋を味わい、雪の冷たさで冬を感じて暮らしてきました。

ただ静かに、だが確かに存在する自然を、ありありと体感しつつ暮らしてきた中で、日本人は「人の暮らしと自然の営みとは一体」であるという感性を育み養ってきました。

そして、移ろう自然とともに、季節の折り目には、神々に祈りを捧げるべく「祭り」を執り行ってきたのです。

豊かな自然の中にある神々の存在

神道の祭りは現代にも受け継がれるとともに、他宗教のさまざまな行事やイベントもまた日本人は積極的に楽しみながら取り入れてきました。

このような形態や姿勢は、とりわけ一神教を奉じる諸外国の方々から見れば無神論者のようにも捉えられ、「神を信じていないのではないか？」という誤解を抱かせることもあるかもしれません。

しかし当の日本人にとって、神というのは、空気や水と同じように「在ることが当たり前の存在」であって、ことさらその存在を強調し意識する必要性はなく、むしろ自然の中に溶け込んでいるのです。

日本人は、縄文以来きっと豊かな自然の中に神々の存在を見出し日々の暮らしの中で信仰してきたのでしょう。

山には山の神が宿り、森には森の神が存在すると考えてきました。

木や石、火や水、川や海、植物や動物、ありとあらゆるすべての存在には神（霊魂）が宿っていると考え、そして人もまた自然の一部であり、その一人ひとりが神の顕現であるという感性を育んできました。

自然の中の万物に神が宿るという感性（アイデンティティー）を持っているので、わざわざ神の存在を強調し誇示する必要性はなかったのではないか、と思われるのです。

したがって、日本人は決して「無神論者」ではなく、むしろ「万有神論者」であって、「サムシンググレート（Something Great）」ではなく、「エニシンググレート（Anything Great）」とか「エブリシンググレート（Everything Great）」を信仰する民族という風に表現できるのかもしれません。


このようなアニミズム的信仰を保持する民族は世界でも非常に稀で、一神教を奉じる世界ではなかなか理解されにくいのではないかと思います。

世界にはさまざまな宗教や信仰がありますが、キリスト教やイスラム教のように唯一絶対神を信奉する人々は世界の約半数以上にものぼる一方で、アニミズム的な信仰形態を有する人々はわずか1割のおよそ7億人しかいません。

そのような中で、日本人全体が緩やかなアニミズム的信仰心を宿している、とするならば、神道は、そのアニミズム的信仰を代表しているといっても過言ではないと思います。

神道以外にもアニミズム的信仰を有する人々ももちろんいますが、それらは限られた部族や一シンパサイザーであり、神道のように、世界一古い王室の国王である天皇さま自らが神主を務められ、天神地祇《てんじんちぎ》を祭られ、また伊勢神宮を中心にして約8万にも及ぶ神社が、いまも鎮守の森として日本全国の津々浦々に鎮座し、機能しているという、国全体でその信仰形態が続いているのは他に例を見ないといえるでしょう。

ちなみに、「シンパサイザー（sympathizer）」とは、共鳴者、同調者。特定の運動に共鳴して、陰で精神的・物質的な支持援助をする人たちのことです。またアニミズムをはじめ精霊信仰やシャーマニズム、あるいは祖先・家神信仰や多神教、汎神論《はんしん》など、特定の民族や地域・コミュニティーにおいて信仰されている宗教のことを「民族宗教」といいます。

「自然の中のすべてに神が宿る」という信仰形態から、日本には八百万にも及ぶたくさんの神々が存在すると考えられてきました。

すでにそれだけ多くの神々の存在を認識する世界観を有した日本人にとっては、他宗教の優れた神さまが渡来した際には八百万の神々の世界をより豊かに構成する一部として大らかに受容することができたのではないでしょうか。

それから、神道では、「ムスビノカミ」や「ナオビノカミ」のように善い神（＝正方向のエネルギーやプラスエネルギー、または生成・修復する力などを司る神と解される）もいれば、「マガツヒノカミ」のように悪い神（＝逆方向のエネルギー・マイナスエネルギー、または破壊・分離する力などを司る神と解される）もいると捉えて、どちらの神々も必要不可欠な存在であるとしています。

神道においては、八百万の神々には種々独自の個性（長所）が保有されており、その個性を最大限生かした役割が付与され、それぞれの神がその役割を担い果たしていると考えています。そしてその神々の行為にはすべて意味があり、霊妙で奇跡的であるとしています。この感性は、私たちが自然の一部であることを教えてくれます。身近な風景の中に神々を感じる心――それが日本人の独自性です。

完璧な状態へと回復させる「ＳＩＴＨホ・オポノポノ」

宇宙のすべてに「陰陽」があるのと同様に、自分とは正反対の存在があることによって、はじめて自らの個性や役割（使命）といったものを自覚し、物事が進化発展することを可能とするのです。

『鬼平犯科帳』や『剣客商売』などで知られる、時代小説家の池波正太郎（１９２３～１９９０）は、

「現代人の思考性は物事の判断をすぐに白か黒かでつけたがるが、江戸時代の侍というのは白か黒ではなく灰色を最も良しとする判断基準を持っていた」

と、よくいわれたそうです。

この考え方は、現代社会にも通じます。絶妙なバランス感覚を持つことで、私たちは共存型社会を築くヒントを得るのです。

また主人公の鬼平に、

「人間というやつ、遊びながらはたらく生きものさ。善事をおこないつつ、知らぬうちに悪事をやってのける。悪事をはたらきつつ、知らず識しらず善事をたのしむ」

と語らせています。

これらの指摘は、「一つの事象」が見方次第で「白（善）」にもなれば、「黒（悪）」にもなり、見る人によって「白（善）」と「黒（悪）」の判断は変わってくるという、人生における非常に含蓄のある言葉ではないか、「灰色を選択する」という絶妙なバランス感覚が、本来日本人の持っている素晴らしい感性ではないかと思っています。

「これは悪いものだから不要」「これは間違っているから不適切」などという判断は、日常でつい生じてしまいがちですが、見たり感じたりする人の立場や都合によるケースが多いのではないでしょうか……。

善悪ではなく、絶妙なバランスをとったもう一つの視点で見れば、そこにはただ、「事象が起こった」という事実があるだけということに気づくでしょう。

神道では、

「自己と他者とは違うことを知ることが知恵であり、

その違いを認め合うことは叡智《えいち》である」

とさえしています。

こうした感性（アイデンティティー）は、シンプルであるものの今後世の中が共存型社会へと移行するのに、最も有益な思考となるであろうと信じています。

さまざまな神々が、渾然一体となって混じり合う世界は、一見混沌としているようですが、この神々の世界は調和と秩序の光に包まれており、かつ絶妙のバランスというものが存在しているといいます。

全体を重視しながら個も尊重する、個を尊重しながら全体も重視するという、絶妙のバランスのとれた調和と秩序ある世界が、日本の神々の世界ではないかと思っています。

ところで、現代世界のあらゆるアニミズム的信仰の中で、最も共鳴できる信仰としては、ハワイで発祥した「人類の叡智」とも讃えられる問題解決法を有する「セルフ・アイデンティティー・スルー・ホ・オポノポノ（ＳＩＴＨホ・オポノポノ）」があげられます。

「ＳＩＴＨホ・オポノポノ」とは、数百年も前からハワイアンのカフナを中心に伝わる複数の人々の間で執り行われた問題解決法である「ホ・オポノポノ（目の前のアンバランスな状態を正して、もとのバランスのとれた完璧な状態へと回復させるメソッド）」を、１９８３年に、ハワイ人間州宝に認定されたモーナ・ナラマク・シメオナ（１９１３〜１９９２）が、よりシンプルで誰でも容易に一人でも実践できるように進化させたものです。

現在、モーナ・ナラマク・シメオナやイハレアカラ・ヒューレン博士の遺志を受け継ぐスペシャリストとしては、カマイリ・ラファエロヴィッチをはじめジーン・ナカザト、ネロ・チェッコン。また実践者であり日本上陸の立役者、オマカオカラ・ハマグチなどがおられ、多くの方々と親睦を深めています。

神道は単なる信仰ではなく、自然や人間関係の中で生きるための知恵を教えてくれます。

現代の生活の中で、この調和の精神をどう取り入れていけるのか——これを考えることが、その第一歩となるでしょう。

働くことの尊さを大和の人々は知っていた

「神さまはおばあちゃんのように優しい存在ですよ」

神さまはどのような存在ですか？　と聞かれることも多々ありますが、そんなときは、このようにお答えしています。

本当に、神さまは優しさと慈しみに溢れた存在なのですよ……。

自然や神、人が一体となった暮らしには、日本人独特の価値観が反映されています。ここでは、神道の視点から働き方や生き方の本質についてお話ししていきましょう。

人は罪を償うために生きるのではない

「神さま」という言葉を聞いて、どのようなイメージを思い浮かべますか？　怖い存在、厳しい存在、あるいは優しい存在でしょうか。神道では、神々は私たちを見守り、慈しむ存在として描かれています。その違いが、日本人の生き方にどのように影響を与えているのでしょうか。

神道には、西洋的な宗教に必要不可欠とされる三大要素である、

❶ **戒律（教義）**
❷ **経典（バイブル）**
❸ **教祖（創始者）**

というものが存在しません。

また、厳しい修行や悟りもありません。

よく神社参拝の折に心身を清める手水《ちょうず》が行われますが、この手水は決して強要するものではなく、自発的に、心身ともに清められるから実施する日本人の伝統的な慣習といえるでしょう。

したがって、厳しい戒律を有する西洋的な宗教の立場からすると、慣習的に行われる手水は緩やかな戒律ともいうべきなのかもしれませんね……。

神道では、

「人は生まれながらにして完璧な存在である」

とする「性善説」の立場をとっており、新渡戸稲造著『武士道』でも指摘されているように、人というのは神々の意志や言葉を閃《ひらめ》きや直感として受け取ることのできる聖なる存在であると考えています。

ゆえに、日本の神々は人に罰を与えたり、祈りを強制することもありません。

ましてや、神々は、「できるだけ人の世界に干渉しない」という決まりのあることが、昔からよく古人によって語られ、伝えられてきているのではないでしょうか。

神々にあるのは、人を慈しむ優しさであり、楽しく、面白く、安らかに暮らしてほしいという想いではないでしょうか。

神々が人を信じて見守る姿は、まるでわが孫を慈しむおばあちゃんのようであり、その佇《たたず》まいから、人は「罪を償うために生きているのではない」ことを、きっと知るでしょう。

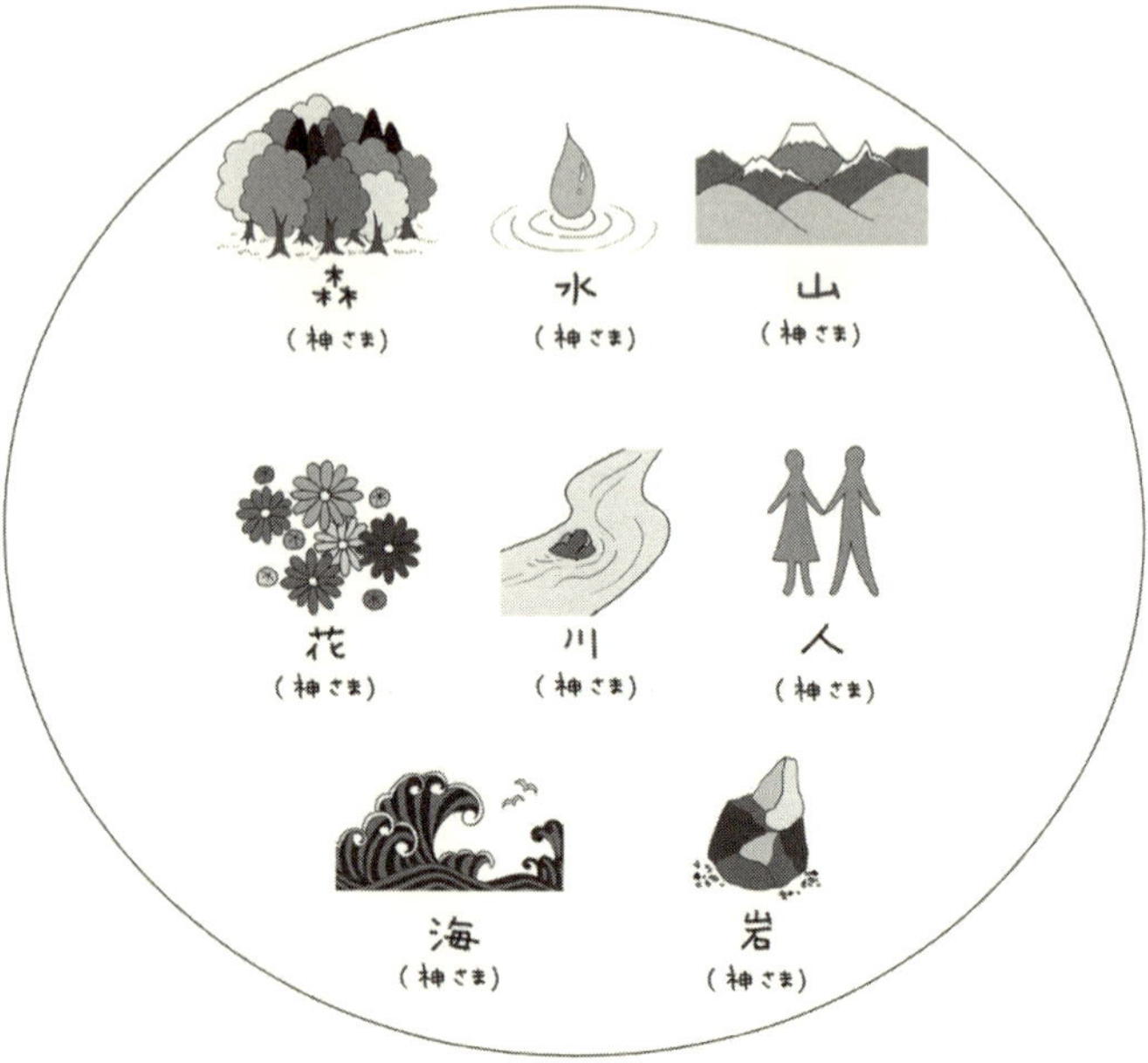

日本の神観

（『行ってみたら、わかった！ お伊勢さんに秘められたゼロの教え』より転載）

わが国初の正史である『日本書紀』（720年成立）神代の巻に記された「天壌無窮の神勅」では、祖母である天照大御神が孫のニニギノミコトに地上界を統治するよう諭す場面があります。この言葉には、神々の深い慈しみと人への信頼が表れています。

神道における神と人との関係は、祖母と孫、あるいは親と子のような温かな絆で結ばれた「慈愛の関係」

といえるでしょう。この特徴が、神道を非常に母性的な信仰として際立たせています。

これに対して、キリスト教やイスラム教、ユダヤ教などの教義には、「人は生まれながらにして原罪を背負っており、ただ一つ救われる方法は神と契約しその戒律に従った暮らしを日々送ること」だとされています。

人は罪を償《つぐな》うために、神と契約を結ぶことによってはじめて、聖なる存在に近づいていくことができるとされ、そのために厳格な戒律や経典が存在しているのです。

このような「性悪説」の立場をとる宗教においては、神と人との関係は厳然たる区別のある「契約の関係」にこそ求められるのではないかと考えられます。

ただし、どちらが善くて、どちらが悪いかという善悪の観念や、どちらが優《すぐ》れていて、どちらが劣っているか、などの優劣の観念は、神道には存在していないことを申し述べておきたいと思います。

ところで、日本人の有する神観とはどのようなものでしょうか。

それを理解しやすくするために、日本の自然・神・人との相関関係を〈日本の神観〉として、図で示してみましょう。

この図が表しているように、日本人にとっては、神々と人とは、すべて、一つの「ミクロコスモス（小宇宙）」ともいうべき、自然の中に存在していると考えています。

里や村といった自然の小宇宙の中に、山があり、森があり、川が流れ、花も咲いています。そして人もいて、その各々に神が宿っているとしています。人は自然をコントロールする立場ではなく、人は自然に抱かれた存在の一部である、ということが理解できると思います。まさしく「人は自然の一部」ですね……。

これに対して西洋的な神観ともいうべき自然・神・人との相関関係はどのようなものでしょうか。西洋の自然・神・人との相関関係についても〈西洋の神観〉として図で示してみましょう。

この図が表しているように、西洋では一番上に絶対的な神が存在し、その下に人が位置して、さらにその下に自然があるという思考が読み取れるのではないでしょうか。

先ほどの日本人の神観が、自然の中に神々も人も渾然一体となって存在しているのに対して、西洋では明らかに神と人と自然とが峻別され、しかも、それらが上下関係にあることが理解できるのではないかと思います。

神道が「性善説」を基にしている点も見逃せません。

人は生まれながらにして完璧な存在であり、神々はその生きる姿を優しく見守っています。この視点は、私たちが罪を償うためではなく、楽しく安らかに暮らすことを大切にする生き方につながっています。

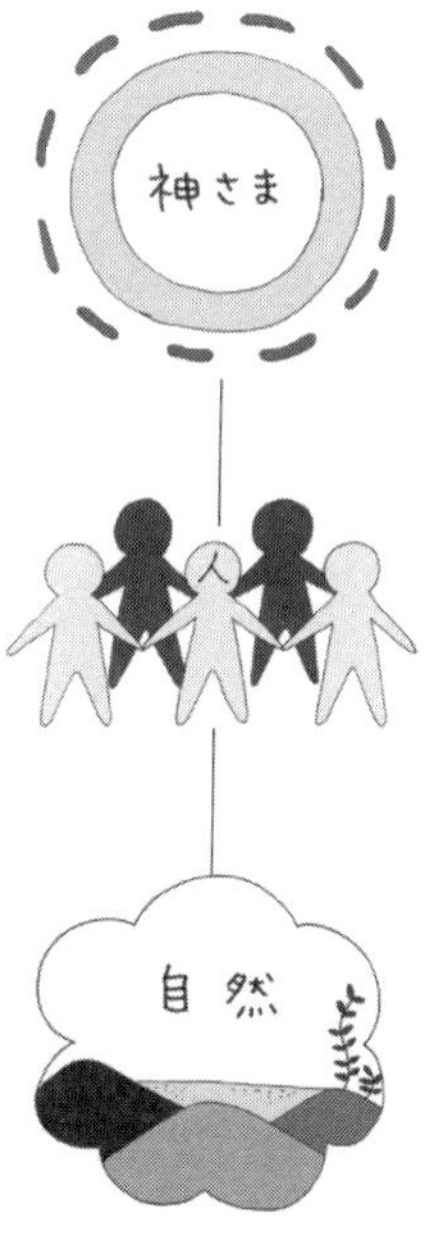

西洋の神観

（『行ってみたら、わかった！

お伊勢さんに秘められたゼロの教え』より転載）

なぜ、「働くこと」は素晴らしいのか

「働く」という行為は、ただ生活のためだけではなく、日本人にとって特別な意味を持つ行為です。神道では、働くことが神聖なものとして捉えられています。それはどのような考えに基づくのでしょうか？

神道では、神々の天上界の暮らしは、地上界の人々の暮らしに反映される、と考えています。「ゴッド」とか「アラー」のように、天上遙かに存在するのではなく、神々の行為は、人の暮らしに影響を与え、また反対に人の行為は神々の世界にも影響を及ぼす、という相関関係にあるといわれています。

かりに天上界が不調和な状態であるとすれば、地上界における自然の摂理に則った人の暮らしぶりや、厳正な神祭りを行うことなどで、天上界にも調和が回復されることもあり得るとしています。

ですから神道では、「あの世（幽《かく》り世）」については、天国や地獄といった二元論は採らず、「天上界（高天原）」をはじめ、「常世の国」や「根の国」「底の国」などの「あの世」も「この世（顕《うつ》し世）」も、すべてつながっている、とする「多元論」で捉えているようです。

また、「天上界（高天原）」では、神々も田んぼを耕したり、機《はた》を織ったりして働いています。日本人の勤勉さや生真面目さというのも、こうした神々の営みが反映されているのではないでしょうか。

西洋では、労働は原罪を償うための「罪」や「罰」にあたる行為とされる一方、日本では働くこと（仕事）は神聖なことと捉えられています。

働くことは、神々によって伝えられ、与えられたものであり、生き甲斐にも等しい、尊いものである、という感性（アイデンティティー）を、日本人は持っています。

日本では、一流の職人の技術を「神技」と讃えるように、神々の技にも等しい技術を身につけるべく、切磋琢磨して働くことが、最高にして最善の労働である、とさえ考えられてきました。

日本人が、「単にお金さえ稼げればいい」「楽して儲けたい」とか「苦しくてイヤな労働に相当する代価を要求する」などの考え方には、なかなか馴染《なじ》めないのも、こうした働くこと（仕事）に対する、他の民族にはあまり見られない、労働観の特異性によるものなのかもしれないですね……。

こうした労働観の背景には、日本人独自の感性が息づいています。

「いそしむ」という言葉が示すように、働きながら楽しむ——これが日本的な働き方の真髄ではないでしょうか。

「働く」という言葉は、日本人が古来から大切にしてきた価値観を象徴しています。

国語学者であり、言語学者でもあった金田一春彦（1913〜2004）は、『美しい日本語』の中で、「働く」という文字の特別な成り立ちと日本人の労働観、そして「勤《いそ》しむ」という言葉について次のように述べています。

「『働く』という字は、中国で生まれた文字ではなく、日本製の文字、つまり国字である。この文字がいかに日本人にとって重要であったかは、本来訓読みのみの国字の「働く」には『ハタラク』という訓読みに加えて、『ドウ』という音読みを持つことからもわかる。

また、『勤《いそ》しむ』という言葉も日本独自の美しい表現だ。『励む』がガムシャラに働くことを意味するのに対し、『勤《いそ》しむ』は働きながらその行為を愛することを指す。日本人が働くことをどう捉えてきたかが、この言葉からもよくわかる。」

このように、「勤《いそ》しむ」という言葉には、ただ労働するだけでなく、その過程を楽しみ、大切にする心が込められています。それは、日本人の自然や神々との調和を重んじる生き方と深く結びついているといえるでしょう。

現代では、仕事よりも自分の生活や趣味を重視する風潮が広がっています。それも一つの価値観ですが、日本人が大切にしてきた「いそしむ」の精神を忘れないことも重要です。働くことを「苦役」ではなく、「生きる喜び」として捉えることで、日々の仕事に新たな意味を見出せるかもしれません。

この節を通じて、神と人との慈愛の関係性、そして働くことの本質に触れてきました。現代の私たちが忘れかけている「働くことの意味」について、改めて考えるきっかけとなれば幸いです。

神さまと私たちをつなぐ言霊の力

日本語の響きや言葉には、特別な力が宿っています。それは、自然との共鳴や癒しを生む言霊の力です。ここでは、オノマトペや言霊がどのように私たちの心と自然をつなげているのかを紐解きます。

「どっどど どどうど どどうど どどう
青いくるみも吹きとばせ　すっぱいかりんも吹きとばせ
どっどど どどうど どどうど どどう」（宮沢賢治『風の又三郎』）

「ほろほろと　山吹ちるか　滝の音」（松尾芭蕉『笈《おい》の小文』）

宮沢賢治の『風の又三郎』冒頭に登場する「どっどど どどうど」というオノマトペには、風の勢いや自然のエネルギーそのものを感じさせる力強さがあります。また、芭蕉の「ほろほろ」は、山吹の花が散る繊細な様子を見事に表現しています。

オノマトペは、日本語における特徴的な表現で、擬声語や擬態語を含む言葉の総称です。自然界にある音や動きを言葉で表すオノマトペは、私たちに自然を身近に感じさせ、共鳴する感性を育む役割を果たしてきました。

このような言葉の響きは、日本語独特のものであり、自然と人間のつながりを大切にする日本人の感性を映し出しています。オノマトペに込められた音やリズムは、単なる表現を超えて、私たちの心を動かし、潜在能力までも引き出す力を秘めているのです。

言葉には魂が宿るとされる「言霊」の思想は、古来より日本文化の中に息づいてきました。われわれが日常使う言葉の起源は実は縄文文化に求められ、その思想のメカニズムもまた縄文文化における人の暮らしと自然との共感共鳴にこそあったと見られるのです。

オノマトペが日本人の豊かな感性を育む

オノマトペ（擬声語や擬態語）は、日本語の独特な特徴の一つです。

この表現法は、音やリズムを通じて自然との共鳴や感性を育む役割を果たしてきました。

たとえば、日本最古の書『古事記』には、次のようなオノマトペが見られます。

❶「**鹽許々袁々呂々邇**（しおこをろこをろに）」

❷「**奴那登母母由良爾**（ぬなとももゆらに）」

❸「**富良富良**（ほらほら）、**須夫須夫**（すぷすぷ）」

これらの表現は、古代から日本人が自然を観察し、その音や動きを言葉にすることで感性を磨いてきたことを物語っています。

そもそも日本語の音節数は112と少なく、英語の8000以上と比較しても大きな差があります。

しかし、音節数が少なく平板な日本語だからこそ、主に自然界にある音や声を模倣したリズミカルなオノマトペを使うには非常に相性がいいのです。また音節数の不足を補って余りあるのがオノマトペなのです。

たとえば「見る」という動作も、「じっくり」「ちらっと」「ぼーっと」などのオノマトペを付け加えることで、細やかなニュアンスを表現できます。こうした言葉は、聞く人にイメージを瞬時に伝え、共感を呼び起こす力を持っています。

さらに、「ワクワク」「ルンルン」といったオノマトペには、気持ちを高揚させたり、「アー」「ヤー」といった掛け声には潜在能力を引き出す力さえあるともいわれています。

考古学者・小林達雄は『縄文文化が日本の未来を拓く』において、オノマトペの多用が日本語最大の特徴であり、また日本人独特の感性を支えていると述べています。そして縄文の人々が1万年以上にわたって、狩猟や漁労・採集を通じて自然との共感共鳴を深め、その音や声を言葉として聴く文化が育まれたとされています。
　このような文化を受け継ぐ神道でも次のような祝詞《のりと》の一節が伝えられています。

「語問《ことと》ひし磐根《いはね》樹立《こだち》、草の片葉《かきは》をも語止《ことや》めて」

（『祝詞式』所収「六月の晦の大祓詞」より）

　岩や木、草までもが人と語り会う対象とされ、かつ不調和な状態を本来あるべき姿の調和ある状態へと復したことが記されています。つまり、大和の人々にとって自然との調和と秩序が生活の重要な一部でもあったのです。
　日本語の優れた表現力であるオノマトペには、その場の状況や情景を即座に思い起こさせ、潜在能力までも引き出す力があるようです。そして日本語は自然との共感共鳴を引き起こしやすい世界でもきわめて特異な言語といえるのではないでしょうか。

縄文大和言葉と言霊のメカニズム

小林達雄は日本語がウラル・アルタイ語族に分類されたり、あるいは中国雲南省あたりから弥生の人々によって粟や稲などの穀物類とともにもたらされた南インド発祥の古代タミル語の影響下に形成されたとする従来の学説を否定し、縄文期に北海道から沖縄まで広範囲に分布する威信材などの「第二の道具」の出土状況から、もともと日本列島で独自に発生した「縄文大和言葉」ともいうべき言語がすでに存在していたことを提唱しています。

「日本語は、いつ、どこから来たのか。この問題は……アメリカの言語学者チョムスキーの登場によって、全く新しい展開をみせた。つまり人類はうまれながらにしてコトバを操る基本的文法法則を備えているという革命的な仮説である。日本語もまた、他地域からの到来を待つまでもなく当初からの日本列島に固有のコトバとして発達してきたというわけである。たしかに縄文文化の中に散見する土偶や石棒や石剣など儀礼や呪術にかかわる第二の道具の保有は、観て確認できる機能ではなく、コトバによる抽象的な観念、価値観の合意抜きには考えられないものである。つまり縄文文化の1万年以上の歴史は、日本語の歴史であり、爾来《じらい》弥生時代、古墳時代、古代と続いてきた。」

（『縄文文化が日本の未来を拓く』より）

右のチョムスキーの仮説はともかく、『新約聖書』「ヨハネによる福音書」冒頭には「始めに言葉ありき」と記され、あるいは比較言語学者・小泉保《こいずみたもつ》（1926〜2009）も『縄文語の発見』で日本語は縄文期から存在し琉球語以外に近接する他言語は見当たらないと述べています。また『万葉集』巻五には次のような歌も見られます。

「神代より　言ひ伝て来らく　そらみつ　倭の国は
皇神の　厳しき国　言霊の　幸はふ国と　語り継ぎ　と言ひ継がひけり」

この歌は対唐国（外国）を意識して言葉の霊力の発揚（＝言霊）が期待される母国語の優

位性を表明する自覚のもとに詠まれているのです。したがって「縄文大和言葉」の存在はやはり認めてよいのではないでしょうか。

ところで古《いにしえ》より日本人は言霊の力を信じてきました。そもそも物事や事象というのは人為的に万全を期しても「人事を尽くして天命を待つ」との諺のように、最終的には日本人にとっては天命と呼ばれるものや、あるいは大いなる「自然」の力が働いて現実はつくられると考えてきたのではないでしょうか。このことは物事や事象は「自然と引き起こされる」ともいえそうです。

この「自然と引き起こされる」（＝自然が主体である）という志向性は助動詞「れる」「られる」を使った「受け身形（受動態）」で表現されます。日本語のように受け身形を多用する言語は世界でも珍しく、しかも「尊敬」・「可能」・「自発」の意味にも用いられて、その意味は文脈から判断するしかないのです。

韓国出身の日本研究者・呉善花《オソンファ》は、日本語の「受け身」について次のように述べています。

「そもそも「受け身」「尊敬」「可能」の意味の起源は、すべて「自発」の意味から派生して生まれていったとされます。「自発」とは無意識にしてしまうこと、いい換えれば、自分を超えた存在や力によって自然に起きることを表わす意味のときに使います。この「自発」を起源として、自分を超えた存在や力に対する敬意を表わす「尊敬」、本当は自分の力ではできないのだけれど、超越的な力によってできるようになってしまうことを表わす「可能」、また、超越的なものによって自分は動かされていることを表わす「受け身」の意味が、派生して生まれていったと考えられるのです。

では、その超越的な力を及ぼすものとは何なのでしょうか。神さまといってもいいですが、日本の神さまというのは自然の神々、実質的には自然ですね。四季に恵まれた日本の風土のあり方は、人々の自然に対する絶対的な受け身志向を生んだわけですが、そうした志向は「受け身」に限らず、今も使う日常的な日本語の言葉の端々にも表われていると、私は考えているのです。」

(『日本の曖昧力—融合する文化が世界を動かす』より)

この考え方は、物事を自然に委《ゆだ》ねる信頼性と自然との調和を志向する「自然に任せる」

や「なるようになる」という言葉にもうかがわれます。また「他力本願」や「おかげさま」といった言葉にも、自然や他者との調和を重視する日本人の価値観が反映されています。こうした言葉には、自然の妙なる力を受け入れながら生きていく知恵が凝縮されているといえるでしょう。

それから日本語の大きな特徴としては、すべての文字が「母音＋子音」の組み合わせで成り立っており、どの文字にも「ア・イ・ウ・エ・オ」の母音が含まれていることを指摘できます。このことから発語や発生認識における母音の割合（比重）が多く、また脳の言語処理機構についての研究（角田忠信《つのだただのぶ》（1926～2018）「精神構造母音説」参照）からはポリネシア語とともに母音が左脳優位となる「母音言語」であり、また自然音や環境音が左脳で処理されるという他言語には見られない唯一の特色があります。

母音言語は英語などに比べて発音した際に抑揚がきわめて少なく単純で優しい自然音や環境音に最も近い母性的な独特な響きや音を生み出します。これにより日本語は世界で一番〝自然との共感共鳴〟を引き起こしやすい響きや音（＝波動）を持っているのではないでしょうか。どうやら言霊のメカニズムには縄文1万年にも及ぶ「縄文大和言葉」の存在が大きく左右しているように思えてなりません。そしてそれはオノマトペに象徴される海や川、野や山などの自然界が奏で発する音や声を起源とするものなのかもしれません。日本語の響きやリズムは、オノマトペや言霊を通じて、自然との調和を体現しています。

この特性が、日本人の感性を育み、私たちの生活に癒しと潤いをもたらしているのです。自然に委ねる日本語の精神は、現代を生きる私たちにとっても、きっと多くの示唆を与えてくれるでしょう。

面白く！ 楽しく！ 笑って！ 神さまに喜ばれる生き方

日本人が古くから育んできた「神さまとともにある暮らし」の中には、日々を面白く、楽しく、そして笑顔で過ごす大切さが織り込まれています。

神道では、木や石など自然界のすべての森羅万象に神が宿る、とする感性を有していることから、わが国には八百万にも及ぶたくさんの神々が存在します。

そして、それらの神々には各々違う個性（オリジナリティー・長所や特質）が存し、その個性を最大限生かした役割を分担して受け持ち補完し合っています。

しかしながら、それぞれの役割には相違があるだけで、どちらが優れていて、どちらが劣っているかなどの優劣の関係はなく、たとえ力の強弱が認められるとしても、みんな対等の関係にあります。

天の岩戸神話が伝える「神さまのチームワーク」

問題解決のために力を合わせる――それが八百万《やおよろず》の神々のスタイルです。

神々はそれぞれが持つ個性を生かしながら、調和を大切にし、連携して課題に挑みます。

この協力の姿勢から、私たちは多くを学べるのではないでしょうか。


神々は、何か問題が生じると必ず協議（話し合い）をします。

それぞれの個性を生かし補完し合って、その役割を全うすべく、問題を解決へと導くための協議（話し合い）です。

神々は、

「自分の個性が生かされるからこそ、その任務に邁進しなければならない」

と考え、各々が役割を分担しチームワークを組んでさまざまな問題に対処し解決するのです。

『古事記』（712年成立）や『日本書紀』の神代の巻の「天の岩戸」神話では、こうした神々の素晴らしいチームワークによって、天の岩戸にお隠れになられた天照大御神《アマテラスオオミカミ》が無事にご出現なされ、再び神々の世界と人の世界に調和と秩序の光りがもたらされたことが物語られています。

つまり、天照大御神の弟神である「スサノオノミコト」が、高天原（神々の世界）の調和と秩序を乱す数々の行為をなされたことから、大御神は岩戸にお隠れになられました。そのとき、高天原の八百万の神々は、天の安の河原に集まって協議なされました。そして、大御神に岩戸からご出現いただく「一大プロジェクト」ともいうべき、祭りと神楽の執行を企画されたのでした。

この企画を発想・発案されたのは、「思金命《オモイカネノミコト》」という神であり、アイデアを出すことで、その役割を果たされました。

そして「天太玉命《アメノフトダマノミコト》」という神は、真榊《まさかき》に御鏡や御玉などの宝飾を施して、神籬を調製するとともに、常世の長鳴き鳥を鳴かせるなど、祭場を設《しつら》える役目を負われました。

さらに、「天児屋根命《アメノコヤネノミコト》」という神は、祭りが最も昂揚する祝詞奏上の役を務《つと》められました。

また「天宇受売命《アメノウズメノミコト》」という神は、神がかりのような状態で、素晴らしい舞を披露され、神楽の中心となる役目を担われました。

その他多くの神々は、大笑いするという役を務められました。

最終的には、腕自慢の「天手雄命《アメノタヂカラオノミコト》」という神が、大御神の御手を取られて、見事に岩戸からお引き出しになる役割を果たされました。

一つの問題にチームが一丸となって対処するには、お互いが個々で信頼し合い、秩序を保ちながら、各々の個性を最大限に生かして発揮し、足らざるところを補完し合う必要性があります。

八百万の神々が一致協力して問題の解決にあたり、見事成し遂げられたのは、ひとえに、そこに大いなる調和の精神があったからではないでしょうか。

この精神があればこそ、いまでも日本人は物事を判断する場合、一面的に視て即断するのではなく、八百万の神々の視点ともいうべき多角的な視点を以て熟考して判断するという感性（アイデンティティー）を持ち合わせているといえるでしょう。

また、天照大御神のご神徳の特異性としては、あらゆる神々の長所を引き出し伸展させるとともに、大いなる調和の光をもたらして神々の有する各々の力をつなぎ合わせて統一することが指摘できます。

つまり大御神は、神々の世界を一つにまとめて構築し、形成させる中核的存在であり、いわば神々の宇宙（コミュニティー）の中心としてなくてはならない存在なのです。

大御神は、その中心に位置しながらも、宇宙（コミュニティー）を構成する、あらゆる神々のサポートを行い、コミュニティーやチーム全体を、よりよい方向へと大きく導いていく存在であるのは、現代の「サーバントリーダーシップ」にも通じるのではないでしょうか。

組織の意志の決定と遂行は、必ずトップダウンで実施するような、ピラミッド型の頂点に位置するリーダーシップではなく、あくまでもリーダーを中心にして組織を構成するそれぞれの個性を生かしながらも、各々の役割の違いを認識し、調和と秩序とを以て、一致団結して、仕事を果たしていくという、むしろ円環型のリーダーシップではないかと思います。

そして、日本の神々の世界の中心に位置するのは天照大御神であって、「あらゆる神々の個性を伸ばし、その各々の役割を生かして、柔らかく包み込み、物事を大きく生成、発展させる」という、まさしく円環型のリーダーシップを発揮されている存在であるといえそうです。

この神話は、現代社会におけるチームワークやリーダーシップの在り方にも通じています。一人ひとりが役割を果たし、協力して大きな目標を達成すること。それこそが、調和の精神の実現なのです。

「面白い」「楽しい」の語源

日本語の「面白い」や「楽しい」といった言葉は、八百万の神々の調和と歓喜を表示するものでもあります。その言葉の語源を知ると、私たちの感覚に新たな意味が加わります。

日本神話を代表するエピソードの一場面が「天の岩戸開き」であり、もちろん『古事記』や『日本書紀』神代の巻にもおよそ次のように記されています。

［天の岩戸開きの場面］

太玉命と天児屋命が中心となり、神々が歌い、舞い、祈りを捧げる中、天照大御神が岩戸を少し開けて外の様子をうかがいます。その瞬間、天手力雄命が岩戸を開き、大御神を外へと導き出します。そして、大御光が天上界と地上界に広がり、闇が晴れ渡ります。

続けて、斎部広成《いんべのひろなり》の『古語拾遺』（807年成立）日神の出現及び素神の追放の段には、次の大意のごとき独自の伝承（＝「面白い」や「楽しい」の語源説話）が描かれています。

［古語拾遺の伝承］

このとき、八百万の神々は互いに顔を見合わせ、面《おも》が大御光に照らされて白く輝きました。この様子が「面白い」という言葉の語源とされています。

また、神々が手を伸ばし、つなぎ合いながら、歌い、舞い、踊る様子は、「楽しい」という言葉の起源の一つとされています。つまり「た＝手を」「のして＝伸して」、手を伸ばして喜び合うことが、「楽しい」の由来となっているのです。

「面白い」や「楽しい」という感覚は、単なる個人的な感情ではなく、全体的な調和や他者との共鳴から生まれるものです。これらの言葉の語源が神話にもつながる長い歴史と深い意味を改めて認識し感じることができます。

このような語源を意識することで、日常生活の中で「面白い」や「楽しい」を感じる瞬間が、より豊かで意味深いものとなるでしょう。

笑う門《かど》には福来る——神さまが好む「笑い」

また、この「天の岩戸開き」の場面で、日本の神々の特徴ある志向性が、「面白い」や「楽しい」のほかに、「笑う」という行為も好まれる傾向にあることがうかがわれます。

なぜならば、『古事記』上巻の天の岩屋の段において、天の岩戸から天照大御神がご出

天の岩戸の図

（『神道ことはじめ―調和と秩序のコスモロジー―』より転載）

現なされるには、八百万の神々の、どっと「咲《わら》ふ」（＝笑う）ことが必要不可欠な行為であったのが見られるからです。

昔から「笑う門には福来たる」とよくいわれますが、神道では「笑い」は一種の「祓え」とも見なされています。

現代でも、「笑う」ことが健康や心の安定によい影響を与える、と科学的にも証明されています。

笑顔は神々が好む行為であり、私たち自身の人生を豊かにする鍵でもあるのです。

ちなみに、遺伝子研究の中で「サムシンググレート」の存在を提唱された筑波大学名誉教授の村上和雄（1936〜2021）は、『笑う！遺伝子――笑って、健康遺伝子のスイッチON』において、「笑う」ことで、人間の遺伝子が「スイッチON」の状態になって、病気を治癒する効果のあることを述べられています。

またオリンピックでワールドレコードを記録したり、メダルを獲得したスポーツ選手が、試合を左右する場面で、できるだけ「笑うとよい」といわれることがありましたが、これは「笑う」ことによって身体全体の筋肉がゆるんで、余分な力が入らないようになるので、自己が本来持っている最大の能力を、充分に発揮できるようになるからだと思います。
したがって、日本の神々の特徴ある志向性には、「面白い」や「楽しい」といった気持ちや感覚、また「笑う」という行為を、とても大切にされ、好まれる傾向にあるといえるのではないでしょうか。

このことは、われわれの暮らしにも反映させなければならないことだと思います。日々面白く、楽しく、笑って暮らせるよう、できるだけ個々人が心がけて過ごしていくことは、何よりも日本の神々の志向性や、ご意志に沿うことになり、ひいては神々に喜ばれる生き方であることを信じて、ぜひとも実践していただければと願っております。

第 2 章

縄文のDNA——心のやすらぎと命のつながり

「お月見」の心――
自然のリズムとともに暮らす

私たち日本人は、古代から自然とともに生きてきました。その中で育まれた豊かな文化や風習の一つが、「お月見」です。自然のリズムを感じ、心のやすらぎを得る知恵が、そこには込められています。

「うさぎ　うさぎ　なに見て　はねる
十五夜　お月さま　見て　はねる」

これは、十五夜のお月さま（＝中秋の名月）を見てとび跳ねる、可愛らしいうさぎをテーマにした、江戸時代から歌い継がれてきた童謡「うさぎ」です。

1万年以上続いた「共生」の知恵

収穫の秋を目前に、月を眺めて楽しむ風習は、平安時代に大陸からの影響を受けた貴族たちの間で、「観月の宴」として催され、江戸時代には、庶民にまで広く浸透したといわれています。

しかし、中秋の名月を愛でる風習は、もともと昔からわが国にはあったと考えられます。「中秋の名月」には別名があり、「芋名月《いもめいげつ》」とも呼ばれます。

お月見に里芋を供える「芋名月」の習俗は、縄文時代にさかのぼるものです。この頃から、自然の恵みに感謝し、それを大切にする文化が根づいていたのです。

まん丸な団子を、「三方《さんぽう》」という木製の台付きの折敷《おしき》に載せて、月にお供えする様子が、地方の神社をはじめ、故郷の各ご家庭でよく見受けられますが、本来は、まん丸な里芋であったといわれ、里芋そのものをお供えする習俗もまだまだ残っているのです。

実は、日本人がこの里芋を食するようになったのは、遙か5千年前の縄文時代中期までさかのぼるとされています。

約1万年間続いた縄文文化の食事のメインディッシュは、クリやカシ・シイなどの堅菓《けんか》類（ナッツ）、里芋・山芋に加えて、四季折々にとれる山菜や魚貝・鳥獣をとり混ぜたものだったといわれています。

そして縄文では、決して食料の欠乏に陥らないように、大自然の循環に則りながら、次ページの「縄文カレンダー」のように徹底した食物管理が行われていたようです。

いまでも日本人が好んでよく食べるものには、長く伸びるお餅やパラパラとしたインディカ米よりも、粘り気のあるジャポニカ米、とろろ芋や納豆などがあげられます。

これはおそらく、縄文時代からネバネバ感のある里芋や山芋を食べ続けてきた遠い祖先の記憶やDNAに、その根拠が求められるのかもしれません。

また、いまから2千年前の弥生時代に水稲栽培が日本全国にくまなく広まったのも、すでに縄文文化で水田のような水湿地で里芋が栽培管理されていた下地があったからだと憶測されています。

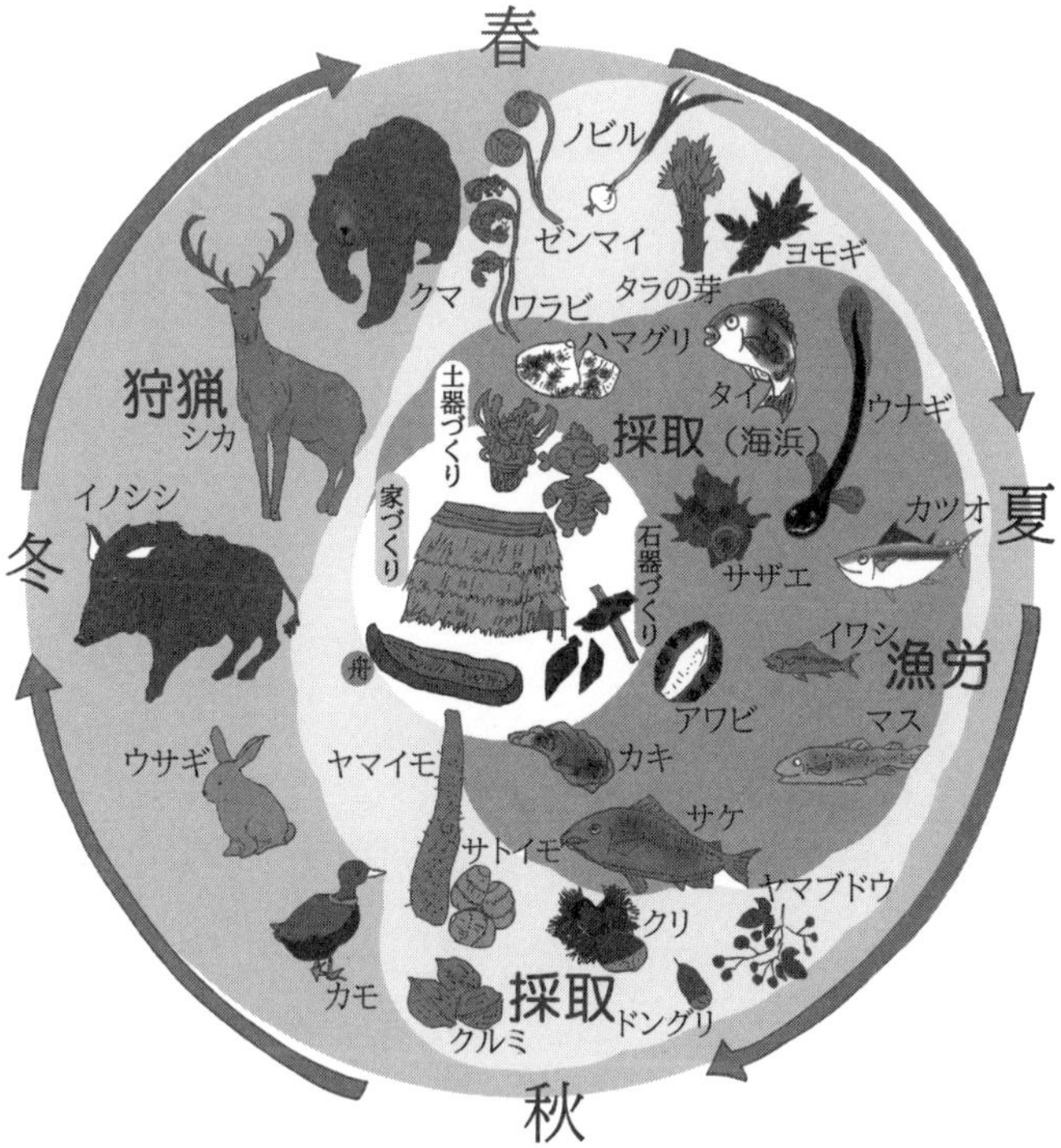

縄文カレンダー

（『神道の源流「縄文」からのメッセージ』より）
國學院大學文学部名誉教授で考古学者の小林達雄が創案した
「縄文カレンダー」を参考に作成した図を転載。
縄文の人々が、どの季節に舟づくりをしていたのかを特定する考古学的発見は、
いまだ得られていませんが、
木の実の収穫を過ぎた晩秋～冬にあたるのではと仮定してイラストに加えています。

『古事記』や『日本書紀』に里芋についての古伝承は見あたりませんが、『豊後国風土記《ぶんごのくにふどき》』（735年頃成立）の総記に、第12代・景行天皇の御代に、「白鳥が里芋と化して冬でも収穫できる優れた食物」として讃えられたことが記されています。

十五夜の名月を愛でるときには、ぜひ遙か1万年前の縄文文化に心を馳せられてみてはいかがでしょうか。

さて、日本列島における豊かな自然の恵みを背景に、狩猟・漁労・採集を生業とし、あらゆる動植物を活用しながら土器や弓矢などを使用して、本格的な定住生活を営んだわれわれの祖先たちが残した文化群の総称、それが「縄文文化」です。

「縄文」という時代は、約1万6千年前の縄文土器の出現から、約2千年前の灌漑水田耕作が本格的に開始されるまでの、およそ1万年以上にも及んでいます。

地域的に大きく北日本と東日本、西日本と南日本に区分され、その上技術的な面からもかなりの時間差のあったことが認められるため、一括して捉えて論じることは難しく思われます。

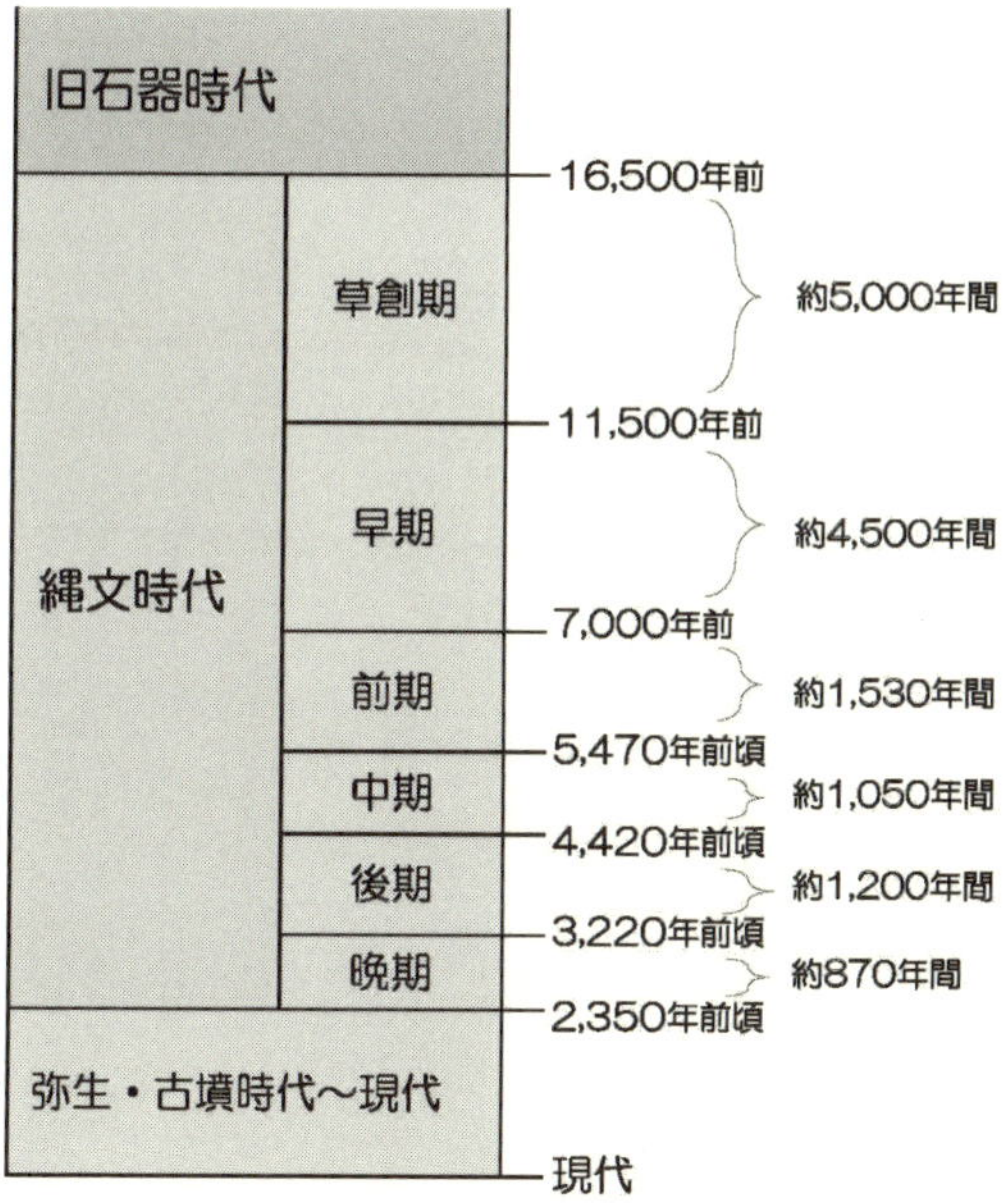

縄文時代の時代区分図

（『神道の源流「縄文」からのメッセージ』より転載）

しかし現在一般的には、縄文文化における時代区分は概ね上の年表に示されるように6つの時期に分けて捉えられています。

この中で最も縄文文化が昂揚した中期には、躍動的で大胆な文様がつけられた土器や、「縄文のビーナス」と名づけられた国宝の土偶などがつくられています。

多くの人々が縄文文化に抱かれるイメージは、この中期にあたっているといっても過言ではないでしょう。

いまから5千年前の三内丸山《さんないまるやま》遺跡（青森県青森市）を好例に、直径1mの柱材や縄文尺を使用して大型建造物をつくる高度な建築技術があり、地域によっては百棟以上の住居を有する大型の集落が形成され、人口も全国で26万人を超えました。

ちなみに、「縄文尺」とは、人間の手首から肘までの長さが元になっているもので、約35㎝のことです。

クリ林の管理や、漆工などの優秀な植物活用技術も見られます。

また全国各地には環状列石（ストーンサークル）や土偶、ヒスイやコハクといった威信財、円環的な死生観を表す形跡など、現在の神道文化につながりを見せる遺物が多数発見されているのです。

土器に記された「縄文からのメッセージ」

縄文文化を象徴するモノといえば、誰もが「土器」を想像するのではないでしょうか。

「縄文土器」という名称は、明治12年（1879）に、E・S・モース（1838〜1925）が、東京都の大森貝塚出土の土器の中に縄を用いて紋様を施したものがあるのを発見し、ないものも含めて「cord（縄で）marked（紋様をつけた）pottery（土器）」と総称したことに起因します。

その「cord mark《コードマーク》」を、はじめは「索紋《さくもん》」、後には「縄紋（文）」と訳されることとなって、縄文土器の名称が一般化されたといわれています。

縄文土器の出現によって、旧石器時代と比べて食物を長時間煮込むことが可能となり、堅い食材の部位を柔らかくするほか、肉や野菜、魚や貝などさまざまな食材を組み合わせて鍋やスープといった煮込み料理がつくれるようになりました。

またトチやドングリ・クリなどの堅果類のアク抜きにも利用され、食料資源が飛躍的に拡充されました。

そして、衣服の素材となる植物繊維を熱湯で柔らかくして紡績したり、あるいは天然アスファルト（瀝青）を溶かしたり、漆《うるし》を精製するためにも活用され、さらに染料や顔料も縄文土器で焼成・煮沸して作られるようになりました。

縄文土器の表面につけられた文様は、ヘラ状の工具で線を描いた「沈線《ちんせん》」や粘土紐を貼りつけて、線状に隆起させた「浮線《ふせん》」「隆起線《りゅうきせん》」、棒状のもので点状に突き刺した「刺突点《しとつてん》」などを織り交ぜて構成されています。

そして、その製作期と型式については、草創期には「丸底深鉢土器」、早期には「突底深鉢土器」、前期には「平底深鉢土器」、中期には「火焔《かえん》型土器」に代表される豪華な大型土器、後期には「注口《ちゅうこう》土器」など実用性が重視された小型土器、晩期には「亀ケ岡式土器」のような、芸術性を含む、小型で、精巧な器系土器が主流となっています。

ちなみに、縄文時代における土器の製作過程では、男性が材料となる粘土をムラへと運搬し、女性が土器を成形して、男性が焼成したといわれており、いわば男女分業製作によって土器が生産されたと考えられています。それが、やがて弥生時代、古墳時代と、時代がくだるにしたがって、もっぱら男性が土器の製作を一手に引き受けるようになったとされています。

縄文の人々は日々の暮らしの中で、食器や調理具、草木の種子を貯蔵する器、食料や衣料の加工品をつくる際などに土器を多用しています。とりわけ神々や祖先を祭るのに必要

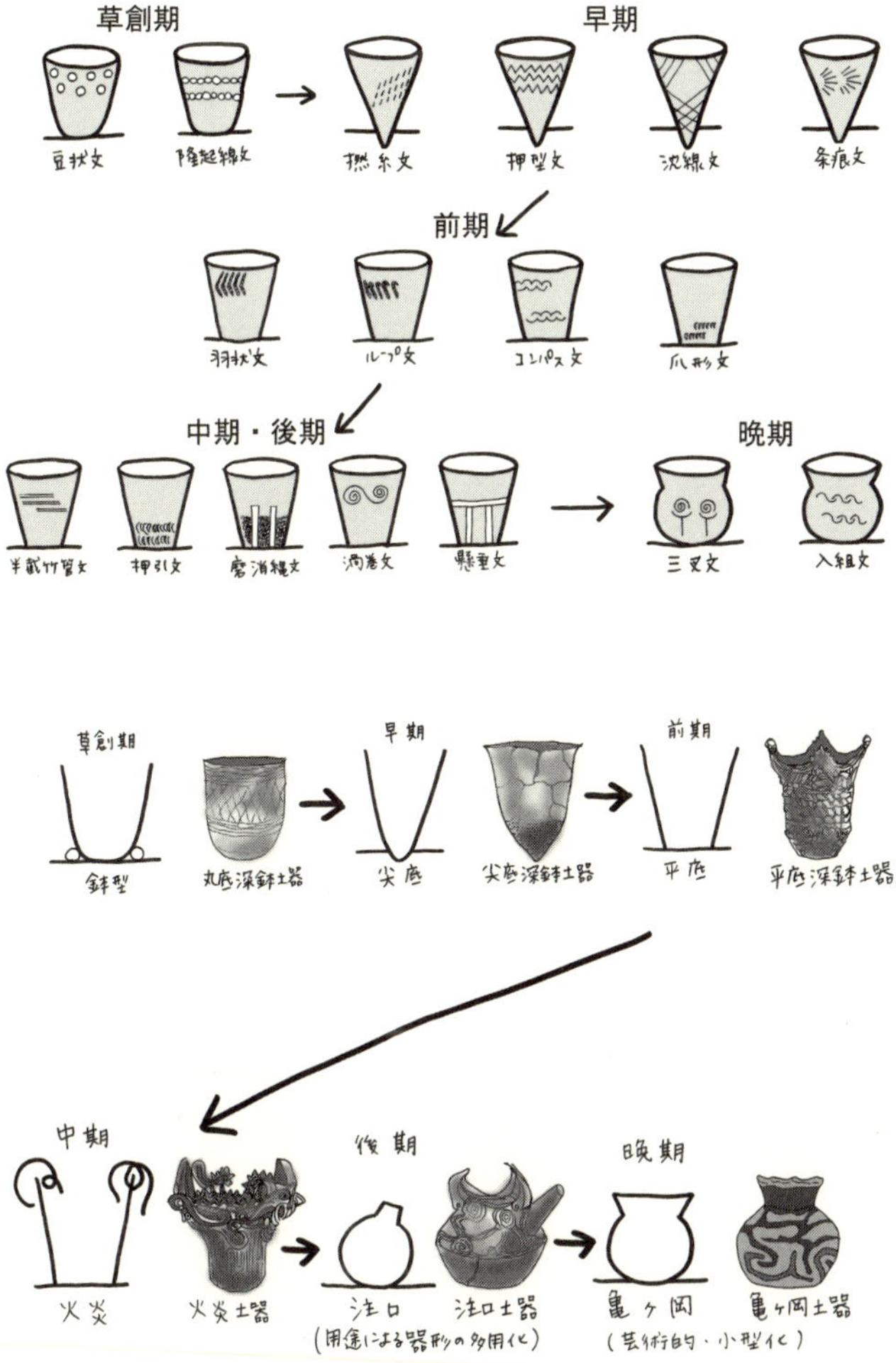

文様・器形からみた縄文土器の推移

(『神道の源流「縄文」からのメッセージ』より)
「文様・器形からみた縄文土器の推移1図」および「文様・器形からみた縄文土器の推移2図」より転載

不可欠な祭器具として取り扱われたのは重要です。

その好例として、土器を祭器具として重用することで、「宿願成就」を果たされた初代・神武天皇の例をあげることができます。

ご東征のクライマックスである大和国《やまとのくに》の平定は、まず大和国の「国魂《くにたま》」のご神徳の宿った「天香山《あまのかぐやま》」の社の埴《はにつち》を採取し、次に土器をつくって、「天神地祇《てんしんちぎ》」を祭る「顕斎《うつしいわい》」を挙行されたご効験によるものであった、と『日本書紀』巻三の神武天皇即位前紀戊午《ぼご》年9月の条において伝えられています。

また同書巻六の第11代・垂仁天皇32年7月の条には、皇后の「日葉酢媛命《ひばすひめのみこと》」の陵墓に、埴で人や馬などを形づくった「埴輪《はにわ》」を樹《た》てて葬祭《そうさい》を営《いとな》んだことが記されています。

そしていまも、縄文土器の伝統をひく「カワラケ」と通称される素焼きの土器を使って、伊勢神宮の祭りは営々と斎行されています。

こうした文化は、自然と神と人との間に存在する「見えないつながり」を再認識させてくれます。

『皇太神宮儀式帳』(804年成立)には、「土師器作物忌《はじのうつわつくりのものいみ》・同父」や「陶器作内人《すえのうつわつくりのうちんど》」

といった人々が「多気郡有爾郷《たきぐんうにごう》（＝現多気郡明和町蓑村）」で、土器を焼成し、神祭りに供した故実が記されています。

その伝統を踏襲し、いまも同地にある神宮土器調製所においては、年間約12万個にも及ぶカワラケが調製されているのです。

「お月見」という一見素朴な風習の中にも、私たち日本人が大切にしてきた自然との共生の知恵が詰まっています。

十五夜の名月を眺めながら、遙か昔の縄文文化に思いを馳せるひとときは、現代の忙しさの中で忘れがちな「心のやすらぎ」を与えてくれるのではないでしょうか。

火焔型土器に学ぶ縄文人の創造性と自然観

縄文文化の中で、火焔型土器は特に人々の想像力を刺激し、現代に至るまで多くの議論を呼び起こしてきました。この土器がどのような背景で生まれ、何を象徴しているのかを探ることで、私たちは縄文人の深い創造性と自然観に触れることができます。

縄文土器が芸術的評価を受けるようになったのは、1970年に開催された大阪万博のテーマプロデューサーで、巨大モニュメント「太陽の塔」の製作者だった岡本太郎（1911〜1996）が「四次元との対話─縄文土器論」（1952年執筆）で大絶賛したことに始まります。

太郎は、前年秋に東京国立博物館で展示されていた縄文中期の火焔型土器を見て、電撃的な感動を覚えたといいます。

おそらく燃えさかる炎のイメージから、火焔型土器と名づけられたと思われますが、岡本は、まったく逆のインスピレーションを抱いて、「縄文人は深海を知っていたんだ」と語ったといいます。

岡本太郎が見出した「縄文の深み」

火焔型土器の持つ象徴的なデザインは、岡本太郎をはじめ多くの人々の心をつかんできました。その背景には、縄文時代の自然や神話が深く関係しています。

『古事記』上巻の大国主神の国譲りの段に、「櫛八玉神《くしやたまのかみ》」が「鵜《う》」と化し、海底の土を採取して、「天の八十毘良迦《やそひらか》」(＝土器)を製作し、調理した魚料理を盛って大国主神に献じられた、というくだりがあります。

太郎の卓越した感性から、この神話を想起せずにはいられないのです。

火焔型土器は単なる実用品ではなく、神話や自然と深く結びついた象徴的な存在であると考えられます。その背景を理解することで、縄文人の独特な世界観が浮かび上がってきます。

火焔型土器のデザインは、単なる装飾以上の意味を持っています。その造形や文様には、自然や宇宙との深い関係が隠されています。

火焔型土器は、燃えさかる炎というよりも、むしろ海や波の動きを象徴していると考えられます。その特徴的なデザインには以下のような自然の要素が込められていると推測されます。

（『神道の源流「縄文」からのメッセージ』より）

・突起や文様は、大波や渦潮《うずしお》、海流のうねりを象徴
・装飾の形状は、波の飛沫や貝類の形状を模倣
・全体の造形は、自然界のエネルギーを反映し、自然との調和を示唆

このようなデザインが示すのは、縄文人が自然の持つ力を深く理解し、それを表現する優れた感性を持っていたことです。

縄文中期の器を象徴する「馬高式《うまだかしき》火焔型土器」は、新潟県長岡市で近藤篤三郎《とくさぶろう》によって発見され、考古学者の中村孝三郎《こうざぶろう》（1910〜1994）が命名したといわれています。

これに対して長野県諏訪市で発見された「曽利式水煙文《そりしきすいえんもん》土器」は、考古学者の藤森栄一（1911〜1973）が名づけたとされています。ちなみに、藤森は、ジブリ映画「となりのトトロ」の五月ちゃんとメイちゃん姉妹の父親で考古学者であった人物のモデルといわれています。

先に火焔型土器よりインスピレーションを受けた岡本太郎が、「縄文人は深海を知っていたんだ」といったことを紹介しましたが、この卓越した閃きこそ、両者の器を正しく理解するためには重要であると感じています。

実は、「火焔型土器」という名称には、少々疑問を抱かざるを得ないのです。

その理由を順に述べますが、この器とともに著名な「王冠型土器」や「水煙文土器」についても、その展開図や作製法からしても、やはり「火焔型土器」からの派生系であるといわれています。ではなぜ、「火焔型土器」の名称に疑問を呈するかといいますと、

❶ イザナミノミコトは、「神生み」において、火の神である「カグツチノミコト」をお生みになり、亡くなられてしまいますが、これは人の暮らしに火は役立つものの、その扱い方を間違えれば、身をも滅ぼしてしまう、という啓示とも捉えられること

❷ 伊勢神宮の社殿や薬師寺東塔の水煙など、全国社寺の殿舎には「青海波文《せいがいはもん》」の飾り金物を「火防」のために装着した多くの好例があること

❸ 煮炊きの際にコントロールすべき火を、さらに燃えさかるような意味を有する表現として造形するとはとうてい考えられないこと

などの事由からです。

それでは、燃えさかる炎をイメージして「火焔型土器」はつくられたものではないとするならば、どのように、各装飾部の突起や施文文様を理解すればよいのでしょうか。

いまのところ当該土器の「鶏頭冠《けいとうかん》突起」と、口縁部の「鋸歯状《きょしじょう》フリル」は、たとえば葛飾北斎（1760～1849）が描いた「富嶽三十六景」の「神奈川沖浪裏」の主題である大小の波のイメージと重なっていると考えています。

またハート型の窓やトンボメガネ双環と呼ばれる突起は、波の飛沫であり、袋状突起はフジツボなどの貝類と見られ、胴体の流文や渦巻文は、海流のうねりや渦潮を表現しているものと理解されるのではないかと推測しています。

この大波は、決して北斎のデフォルメではなく、二つの小さな波をぶつけ合い、その角度が120度となったときに大波が発生することを、イギリスのオックスフォード大学とエジンバラ大学の共同研究チームが突き止めており、北斎は4千分の1のシャッタースピードでこの一瞬の大波を捉えたこととなります。

このように解するならば、火焔型土器の装飾部や文様の影響を受けて、その後、平城京から出土した海人《あま》族出身の「隼人《はやと》の楯」の中央に施された「渦巻文」や、上下先端の縁取りの「鋸歯文」、さらに北海道の「続縄文文化」から「擦文文化」を経てのアイヌシリキの「モレウ文（ゆるやかな渦巻文）」などが施されたと見られます。

それから火焔型以外の数多くの縄文土器の施文道具としては、縄や樹木だけでなく、貝殻もよく採用されているのは、少なからず、縄文の人々が海に対して強い想いを抱いていた証しではないでしょうか。

火焔型土器と王冠型土器——二つで一つの世界観

縄文時代の「火焔型土器」と「王冠型土器」は、それぞれが独立した形態を持ちながら、ともに一つの世界観を表現する象徴的な存在です。この二つの土器がどのような物語や伝説を語っているのかについて探ってみましょう。

小林達雄は火焔型土器と王冠型土器について『縄文文化が日本人の未来を拓く』におい

て、次の大変重要な指摘をされています。

「縄文の火焔型土器には、突起の形が王冠のように見える「王冠型」土器があります。火焔型土器と王冠型土器が対になっています。そしてやはり、こちらもモチーフに共通した決まりがあって、何かの物語を表現しています。

例えば、王冠型土器は口縁がいつも写真（※イラストにて代用）のように湾曲しています。火焔型土器はギザギザが付いていますが、こちらは水平です。また、王冠型土器は突起は鶏頭冠ではなくて短冊《たんざく》形の突起が付く。上から見ると、火焔型土器は円になっていますが、王冠型土器は四角くなっているなど、決まりがちゃんとあって、全部守られています。

火焔型土器と王冠型土器の両者が揃《そろ》って、初めて1つの世界観を表しているのでしょう。これを「2つ1つ」の縄文思想哲学と呼んでいます。「紙の表、裏」「1日の昼、夜」などの認識につながります。」

すなわち「火焔型土器」と「王冠型土器」とは縄文思想哲学上「2つで1つ」として取

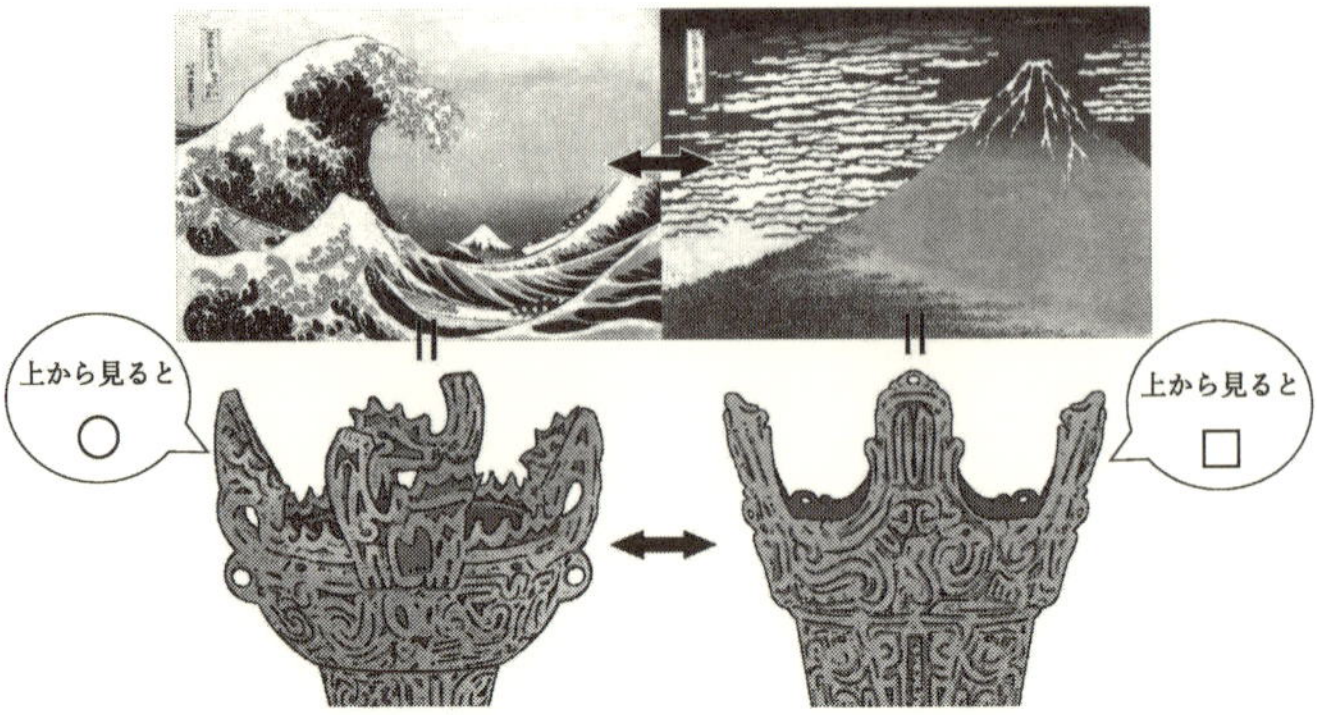

浪と山の対立と合一（「2つで1つ」の縄文思想）

（『元気な暮らしR7年1月号』掲載の「火焔型と王冠型土器の口縁部イラスト」に吹き出し部分を加筆）
（『神道の源流「縄文」からのメッセージ』より）

り扱う必要性があり、1セットで有する物語の意味や意義を解明しなければならないことを述べています。

先に火焔型土器は波や渦などを思わせるデザインが特徴で、「海」を象徴しているとしました。一方の王冠型土器はその特徴的な部位である短冊型突起が「山」を表していると見られることから、「山々」や「大地」を象徴していると推測されます。

また、岡本太郎は『日本の伝統』「二、縄文土器—民族の生命力」の中で、縄文土器は決して単なる実用性や美学的意識でつくられたのではなく、むしろ厳格なイデオロギーのもと強い宗教的・呪術的な色彩を帯びた四次元を指し示す目的でつくられ、その的確で精緻な空間認識と表現力を絶賛しています。

このような太郎の鋭敏な感性からも、改めて火焔型土器と王冠型土器という2つで1つの縄文思想哲学において注視しなければならないのは、空間に関する造形の相違部分（口縁上面部）であると見られます。これをいかに解釈するかが「2つで1つ」の縄文土器の意味する物語を解く最大のポイントになるのではないでしょうか。

ところで、前漢の武帝の頃（BC150年頃）に淮南王劉安《えなんおうりゅうあん》（紀元前179～紀元前122）によって編纂された『淮南子《えなんじ》』には「天円地方《てんえんちほう》」、つまり「天は円形で地は方（＝四角）形をしている」との宇宙観が記載されています。

しかしながら、いまから約5千年前の新潟県のほぼ全域から出土する火焔型土器の口縁上面は円形（＝○）で王冠型土器の口縁上面は方形（＝□）となっています。

また、7千5百年前の鹿児島県霧島市の上野原《うえのはら》遺跡出土の早期壷型土器2個体の口縁上面には円形（＝○）と方形（＝□）の典型が確認されています。

これらのことからすると、実は縄文の人々の火焔型土器と王冠型土器の有する物語の影響を受けて、『淮南子』の宇宙観が形成された可能性もあるのです。

そうすると、後世のことながら古墳時代に数多く築造された「前方後円墳」の形状は縄文以来のわが国の伝統的な宇宙観に基づいてつくられたと解することができるのではないでしょうか。

火焔型土器と王冠型土器という2つの土器がセットで取り扱われることで、縄文の人々が持っていた「2つで1つ」の思想哲学が見事に表現されています。

この思想は「男と女」をはじめ「日と月」や「左手と右手」、あるいは「一対（阿口と吽口）の狛犬」や「風神・雷神」など、相反する要素が一体となることで完全性を成すという後世日本の伝統的な宇宙観にもつながっています。

火焔型土器と王冠型土器は、縄文時代の人々の世界観を象徴する重要な文化遺産です。「海」と「山」、「円」と「方」、対立と調和の哲学がこれらの土器に込められています。この「2つで1つ」の視点は、日本文化の根底に流れる思想であり、現代の私たちにも新たな気づきをもたらすでしょう。

縄文人たちのアイデンティティー

火焔型土器と王冠型土器は、単なる工芸品ではなく、縄文人のアイデンティティーそのものを象徴しています。それぞれの土器が伝える物語を通して、彼らの思想や暮らしに迫ることができます。

一対の「火焔型土器」と「王冠型土器」を製作した目的とは、縄文の人々のアイデンティティーを表象・明示するためであり、その意味するところとしては、次のようなファンタジックな物語を展開できるのではないか？と考えていますので披瀝《ひれき》します。

❶〈火焔型土器の突起や文様から〉

われわれの遠い祖先たちは遙か彼方の海（アマ→天にも通じる＝異界）からやってきました（火焔型土器の口縁上面の〇に基づく）。

❷〈火焔型土器の全体的造形から〉

その周囲は海に囲まれていますが、その中に大地があります（王冠型土器の口縁上面の□に基づく）。

❸〈王冠型土器の突起や文様及び全体的造形から〉

その大地は四方を山々に囲まれています。そこが、われわれの遠い祖先たちが暮らした懐しい故郷のクニ（ニライカナイ・常世国など）です。

ちなみに、ニライカナイとは、沖縄県や鹿児島県奄美群島の各地で伝えられる海のかなたにある神の世界、理想郷のことです。

名著『海上の道』を述作した柳田國男（1875〜1962）は、「海を故郷と観念したこの国の人々、われわれの先祖は、青垣山のとりめぐらす大和に住んでからも、絶えず海を懐しみ憧れた」（「瑞垣」第19号所収「信仰と民俗」）という貴重な発言をされています。

古代の英雄「ヤマトタケルノミコト」の絶唱ともいうべき「国偲《しの》びの歌」が、次のように『古事記』中巻に見え、ヤマトの素晴らしい景観が讃えられています。

「倭《やまと》は　国のまほろば　たたなづく
青垣　山隠《こも》れる　倭しうるはし」

初代・神武天皇がご東征によってヤマトに都を定められたのも、「火焔型土器」と「王冠型土器」とが表象する、日本列島の本州島の中で周囲を青い垣根のような山々に取り囲まれる「隠《こも》った（＝気に満ち溢れた）大地」が、ヤマトに他ならなかったからかもしれません。

そしてこの地形こそは、われわれの遠い祖先が暮らした故郷のクニの立地条件に適合したものであって、ヤマトは「火焔型土器」と「王冠型土器」が指し示す縄文以来の、いわば〝約束の地・理想郷建設の地〟ではなかったか？と、想像をたくましくしてしまいますが、いかがでしょうか。

これらの物語は、縄文人が自然や宇宙とどのように向き合い、共存してきたかを象徴的に伝えています。火焔型土器と王冠型土器は、その思想を形として表した文化の結晶といえるでしょう。

土偶が語る物語——
精霊と共に生きるソフトアニミズム

縄文時代の文化遺産である土偶は、単なる工芸品ではなく、精霊との深い関わりを物語る存在です。この章では、土偶が伝える縄文人の思想や世界観を見ていきましょう。

縄文文化では、日常的な生業に直接かかわる道具は「第一の道具」と呼ばれ、土器をはじめ「石包丁」や「石斧」「弓矢」や「釣鉤」「丸木舟」などが該当します。

それとは別に、呪術や儀礼・祭祀などの精神文化や世界観にかかわる道具は、「第二の道具」と呼ばれ、「腕輪」や「耳飾り」「玉類」や「土面」「土板」など、多種多様なモノに及んでいます。

土偶は「ナニモノカ」の仮の姿

第二の道具の代表格はなんといっても「土偶」であり、これまで発見された土偶は実に約2万5千点を数え、縄文中期から晩期までの約2千5百年間における製作数は15万点を下回ることはほぼないといわれています（年平均60点の製作数）。

「土偶」は、当時の人々の信仰や観念世界を具現化したものです。その背後には、「ナニモノカ」と呼ばれる精霊の存在が感じられます。

小林達雄は『縄文文化が日本人の未来を拓く』で、土偶を「ナニモノカ（精霊）」の仮の姿であると説いています。

この説に基づくと、土偶は次のような意味を持つと考えられます。

❶　精霊の具現化――動植物や自然界の精霊が土偶に宿る形で表現されている。

❷　アニミズムとの結びつき――神道に通じる「草木みなもの言う」世界観が土偶に反映

されており、神道が成立する以前の植物（貝類も含まれる）祭祀の片鱗がうかがわれる。

この「精霊（ナニモノカ）」説をさらに発展進化させた説として注目されるのは、人類学者・竹倉史人が『土偶を読む　130年間解かれなかった縄文神話の謎』において提示された、

「土偶は縄文人が食べていた植物（堅菓類や根茎類）や貝類の精霊を宿らせるためのフィギュア（＝形代《かたしろ》）であり、精霊には元から顔がなくこの世に来訪するために仮装をするのを原則として土偶には仮面がつけられている」

とするものです。

国学者の本居宣長（1730〜1801）は『古事記伝』三之巻の天地初発の段「造化三神（＝天御中主神《アメノミナカヌシノカミ》・高御産巣日神《タカミムスビノカミ》、神御産巣日神《カミムスビノカミ》）の解説において、次のように神道で重視されてきた物事が生み出される根源的な力（＝エネルギー）を「産霊《ムスビ》」の働きによるとし

ています。

「高御産巣日神《タカミムスビノ》、神御産巣日神《カミムスビノ》。（略）されば産霊《ムスビ》とは、凡て物を生成《な》すことの霊異《クシビ》なる神霊《ミタマ》を申すなり。（略）さて世間《ヨノナカ》に有リとあることは、此ノ天地を始めて、萬ヅの物も事《コ》業《ト》も悉《ことごと》に皆、此ノ二柱の産巣日《ムスビノ》大御神の産霊《ムスビ》に資《ヨリ》て成リ出るものなり。」

自然に抱かれ自然と共に暮らした縄文の人々が実際の生業の中で培われた感性や志向性には、われわれが想像する以上に「産霊《ムスビ》」の働きには切実な想いがあったと思考され、まさにそれらのパワーが付与された象徴的な存在が「精霊」であったと類推されます。そして縄文の人々の暮らしのコスモロジーにおいて「ハラ」は人の生命の根幹を支える食糧や資材の宝庫で自然との共存共生を抜きにしては成立しない縄文姿勢方針から思慮しても、「土偶は精霊を宿らせるための形代であり、異界から仮装してこの世に現出したナニモノカ」との小林・竹倉説は大いに首肯されて然るべきであろうと思っています。

このような視点から見ると、土偶は単なる造形物ではなく、縄文人の深いスピリチュアルな感性に基づく呪術的な産物であったといえるのではないでしょうか。

「縄文文化」が神道に息づく理由

縄文時代の精神性は、現代の神道に息づいています。

呉善花は『日本の曖昧力─融合する文化が世界を動かす』で、神道の有する特異なアニミズム的側面について、次のように述べています。

〔静けさと清らかさ・調和を重視〕

強烈な刺激を排除し、静かで清らかな自然との調和を好む。

〔アニミズムの現代的表現〕

伝統的な生け花はもとより、「クール・ジャパン」の象徴である、劇画やアニメ、サイバー・ペットなどには、神道が重視する自然や精霊への畏敬の念と感謝とが現代に形を変えて育まれ息づいている。

そして、このような特異なアニミズムのことを「ソフトアニミズム」と命名され、次のような有意義な指摘もしています。

「いけばな、サイバー・ペット、劇画やアニメなどの世界的な人気は、そうした自然な生命（アニマ）への聖なる感性が、やはり人類すべてに内在し続けていることを物語るものといえるのではないだろうか。現代世界にあって、日本的なソフトアニミズムの感性が多くの人々に迎え入れられていることはたしかだと思える。」

先の「ソフトアニミズム」の提唱とこの指摘には大いに賛成したいと思っています。それは、本書冒頭の「受け入れる力――神さまの教えにある平和への道」でも引用したトインビーの伊勢参宮の折に感得した想いを綴られた言葉にも大いに相通じるものを感じてならないからです。そして、これらの基底には、

〝ソフトアニミズム　↑　神道　↑　弥生文化　↑　縄文文化〟

との図式を以て縄文文化の存在が大きく横たわっていると見られるのです。

このように、日本のソフトアニミズムは、縄文文化を起点とし、次に弥生文化へと継承され、やがて神道において深化し発展することによって、現代に至るまで普遍的な価値観がもたらされることとなったのを表明していると思います。

縄文文化は、神道の有する強烈な刺激を排除し静かで清らかな自然と、そこに生息する精霊たちとの調和と秩序をはかり、それらに畏敬の念をもって共存共生を果たしていく精神に満ち溢れていたと考えられます。

この縄文の精神性は、神道を通じて現代の日本文化にも脈々と受け継がれています。私たちも、たとえば、第二の道具の象徴である「土偶」を目にしたり触れられることによって、改めて自然や精霊たちとのつながりを見直すきっかけとなされてはいかがでしょうか。

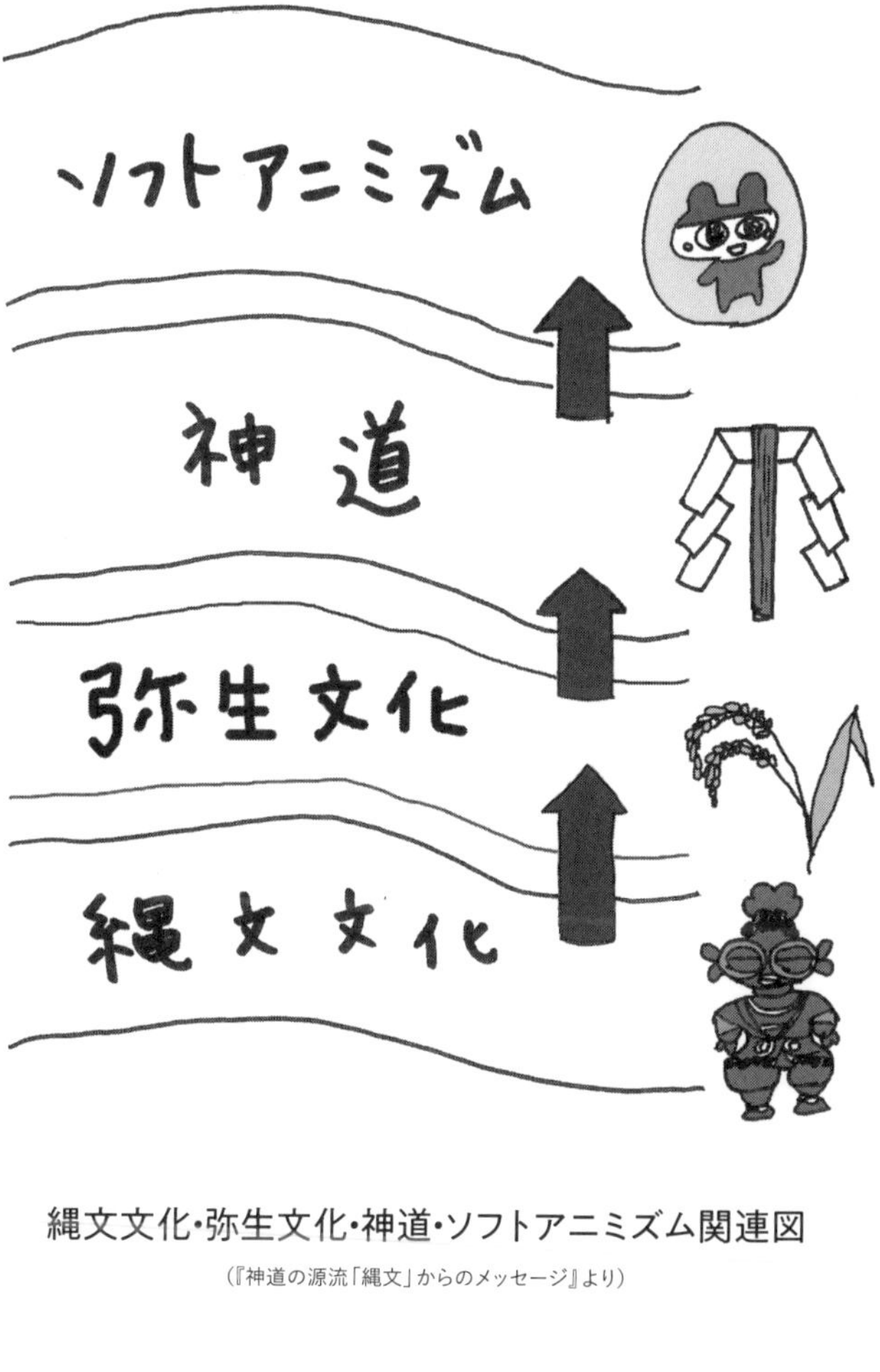

縄文文化・弥生文化・神道・ソフトアニミズム関連図

(『神道の源流「縄文」からのメッセージ』より)

森と神さま――命の循環が教えてくれること

縄文文化を象徴する漆工品《しっこうひん》や植樹の技術は、森との共存を語る重要な遺産です。ここでは、漆を通して学ぶ「命の循環」と、縄文人が残した森とのつながりについて深掘りします。

近世ヨーロッパにおいて、王侯貴族たちは、東アジアから輸入される「漆工品」を大いに珍重して「ジャパン」と呼び、磁器製品は総称して「チャイナ」と呼び習わしたといわれています。

ウルシがつなぐ自然と未来

漆工品の歴史を紐解けば、その起源が縄文時代にまでさかのぼり、世界最古の漆工品が日本から出土しているという事実に驚かされます。

わが国における漆の利用については、縄文時代に始まり、その中期には磨製石器や人為的に破砕した黒曜石製の槍の穂先《ほさき》や、弓矢の鏃《やじり》を柄に取りつけるのに、接着剤としてアスファルトや漆が利用されていました。

とりわけ漆については、接着剤として使われることもさることながら、縄文の人々の暮らしの中では皿や櫛などの工芸品に欠かすことのできない塗料であったことは注目に値します。

漆が乾いて硬化すると、衝撃に強く熱気や湿気、あるいは酸やアルカリなどの影響が軽減されます。その上、漆に含有されるウルシオールは食物の腐敗防止や殺菌効果を発揮するのです。

塗料としての漆の伝統的な色合いは、黒色と朱色ですが、「黒漆」は生漆《きうるし》に酸化鉄や炭の粉、あるいは煤《すす》を混ぜたもので、「朱漆」は生漆に弁柄《べんがら》や辰砂《しんさ》を混入したものです。

なかでも、黒漆は、わが国特有のものとして評されています。

漆についての古伝承としては、平安末期成立の橘忠兼《たちばなのただかね》編『以呂波字類抄《いろはじるいしょう》』収載の「本朝事始」の項に、古代の英雄・倭武皇子《やまとたけるのみこ》が、大和国宇陀の阿貴山で、漆の木の汁を家来たちに集めさせ、持参の品に塗ったところ、黒光りして美しかったことから、漆を管理する官吏「漆部《ぬりべ》」を設けられたことが記述されています。

千有余年の時を超えて伝えられてきた奈良の正倉院宝物や伊勢神宮の遷宮神宝には、たくさんの漆工品が見受けられますが、すでに縄文時代の早期にあたる9千年前の副葬品が北海道函館市の垣ノ島遺跡より出土しており、中国浙江省の河母渡《かぼと》遺跡出土の7千年前の漆塗りの弓を抜いて、現在世界最古の漆工品となっています。

ちなみに、「垣ノ島遺跡」とは、北海道・函館市の中でも東側の水産資源豊富な太平洋に面し、背後に落葉広葉樹の森が広がる遺跡です。耐久性に優れた長期間居住可能な建物があったこと、漁労を活発に行っていた沿岸地域での生活を営み、日常（居住域）と非日常（墓域）の空間を区別・分離していたこと、祭祀・儀礼の場と考えられる大規模な盛土遺構を視覚的にも確認できるなど、当時の精神文化を知る手がかりの多い集落遺跡です。

縄文の二大革新技術の一つといわれる漆工技術を、成立させるのに必要不可欠な「漆掻き」について紐解くと、当時の人々が、いかに、この植物の特性に精通していたかをうかがい知ることができます。

たとえば

❶樹齢10年以上に達したウルシの木を選定する必要があること

❷その幹につけた傷からにじみ出る樹液の採取（漆掻き）は、その分泌が活発になる初夏に掻いて、秋までには採取を終えなければならないこと

❸樹液を採取し切ると、木は枯れてしまうため（＝殺し掻き）、その年に伐採し、切り株から出た芽を育てて、同じ営みを繰り返す分根、栽培の要があること（殺し掻きとは別に、木を長く生かしながら樹液をとる「養生掻き」の手法もありました）

また、採取した漆を利用できる状態にするには、ゴマ油で煮て不純物を取り除く作業が必須となります。

したがってゴマ油の原料であるエゴマの栽培が、このときには、すでに始められていた

ことも推察されています。

この漆をめぐる営みが、いつ始まったのかは明確にはわからないまでも、植物を育てて利用し、また育成循環する自然のサイクルの活用は、他の樹木でも多々見受けられます。

それが次項で紹介する「植樹」の営みです。

ところで、大陸では高地と平野、沿海の地形が遠い距離を隔てて緩やかに形成されていますが、わが国では、その地形間の距離は一気に圧縮・凝縮され、山・棚田・村（集落）・海が一枚の写真にすっぽりと収まる「日本の原風景」ともいうべき絶景が新潟県や山口県の日本海沿岸部には数多く見られます。

その重要性をはじめて指摘されたのが、他ならぬ呉善花の『日本の曖昧力―融合する文化が世界を動かす』です。

この優れた指摘を参考にして、世界最古の漆工品が出土した垣ノ島遺跡の景観を眺望すると、「山《ヤマ》」「原《ハラ》」「村《ムラ》」「海《ウミ》」を一枚の写真に収めることが可能です。

呉は「棚田」の存在という視点から、弥生文化を基層とする「日本の原風景」を浮き彫りにしたわけですが、さらに、その基底には、いわば縄文文化のコスモロジーが圧縮・凝縮されていることを示唆するかのような絶景を垣ノ島遺跡は誇っているのです。

この景観こそ、自然界と共存し調和して生きる上で、大変重視しなければならないと思われるのです。

漆は単なる接着剤や硬化剤ではなく、生活を豊かにするための重要な技術として発展しました。自然素材を最大限に活用する縄文人の知恵がここに息づいています。

「森の恵み」に感謝する植樹の心

縄文時代の人々は、単なる採集民ではなく、自然と共生し、木々を育てることで未来を築いてきた「森の民」でした。その背景を具体例を交えながら考えてみましょう。

縄文文化の全時期を通じて重視された樹木の一つに、クリがあります。

クリは比較的加工が容易であり、耐久性・保存性に優れ、湿気に強く腐食しにくい性質を有しており、竪穴住居や食物倉庫の建築材として高い頻度で使用されました。

こうしたクリの利用法は、単なる自然の恵みの利用ではなく、植樹という形で森を育て、

垣ノ島遺跡遠景

（JOMON ARCHIVES より）
太平洋を望む標高32～50メートルの河岸段丘上に立地している
垣ノ島遺跡を北東から見た遠景

命を循環させる営みだったのではないでしょうか。

またクリの実は食料としても利用され、縄文の人々は、それを栽培管理していたといわれています。


このようなクリの利用法から思考すると、縄文文化においては、すでに「植樹」の業《わざ》が行われていたと考えても差し支えないでしょう。

弥生の人々が、よく「稲の民」と称されるのに対して、縄文の人々が「森の民」と称される所以ではないでしょうか。

奈良時代成立の『万葉集』巻三には、造筑紫観世音寺別当の沙弥満誓《さみのまんせい》が詠んだ次の歌があります。

「鳥総《とぶさ》立て　足柄山《あしがらやま》に　船木伐り
樹に伐り行きつ　あたら船材を」

この歌は、木を伐採する際に感謝の祈りを捧げ、その再生を願う風習があったことを示唆しています。自然と共生し、その恩恵に感謝しながら暮らしていた縄文人の姿が目に浮かぶようです。

歌中冒頭に「鳥総立て」とありますが、「鳥総立て」とは、建造物をつくるために伐採した木の切り株に、その木の葉の茂った枝を差し込み、感謝の祈りを捧げ、再生をはかった木樵《きこり》たちの伝統的な風習です。

『祝詞式』（927年成立）には、宮殿の平安を祈る「大殿祭《おおとのほがい》」が収載されています。この祝詞に、次のように見られます。

「奥山の大峡《おおかい》・小峡《おかい》に立てる木を、
斎部《いみべ》の斎斧《いみおの》をもちて伐り採りて、
本末《もとすえ》をば山の神に祭りて、
中間《なから》を持ち出で来て、
斎鉏《いみすき》もちて斎柱《いみばしら》立てて」

つまり宮殿の建築用材について、山々に生い茂る樹木の「本（＝切り株と根）」と「末（＝枝葉）」の部分は神に捧げ、その中間の部分が充当されることを明記しています。

おそらく縄文の頃より、この本末を使用して伐採された樹木には、必ず鳥総立てが施され、その再生が祈られたと思うのです。

日本神話には、植樹や自然との共生を象徴するエピソードが多く含まれています。スサノオノミコトの物語を通じて、その深い意味に迫りましょう。

わが国に植樹の業を伝えた神としては、天照大御神の弟神である「スサノオノミコト」があげられます。

天の岩戸の後、高天原から追放されたスサノオノミコトは、『日本書紀』巻一第八段の第四・第五の一書によると、出雲地方に直接天降られたのではなく、韓地《からくに》を経由してから、出雲や紀伊地方に来られたことを伝えています。

鳥総立て

（『神道の源流「縄文」からのメッセージ』より）

特に第五の一書では、スサノオノミコトは、「韓地には金銀の宝はあるが、浮宝《うきだから》（＝舟）がないので良くない」と仰られて、スギやクス（舟をつくる材）をはじめ、ヒノキ（宮殿をつくる材）やマキ（棺をつくる材）などの種子を化生され樹木を育成、その用途までも定められたことが記されています。すなわち、スサノオノミコトには、縄文文化的な植樹の神の側面も見られるといえるでしょう。

この神話は、縄文文化に見られる「植樹」の思想が、神話を通じて受け継がれてきたことを物語っています。森を守り育てる姿勢が、いかに日本人の生活や精神に根づいているかを考えさせられる物語です。

縄文時代に始まる漆工品や植樹の文化は、自然との調和を大切にする暮らしを象徴しています。現代を生きる私たちも、この知恵から多くを学び、未来への持続可能な営みを見直していきたいものです。

ともに暮らす――分かち合う心が生む安心感

縄文時代の竪穴住居は、単なる住まいの形ではなく、人々の暮らし方や価値観を映し出すものです。

縄文時代の人々は、「竪穴住居」と呼ばれる住まいで暮らしていました。

竪穴住居とは、地面に広さ10畳ほど×深さ50～80㎝程度のくぼみを掘って半地下とし、その中に直径約20㎝ほどの複数の柱を立て、その頂部を梁《はり》でつないで、放射状に垂木《たるき》をかけて樹皮で覆い、保温性のある土葺《つちぶ》きや、通気性のよい茅葺《かやぶ》き屋根を施した住まいのことです。

竪穴住居から「縄文人の豊かさ」を知る

竪穴住居には、縄文時代の人々が自然と共存し、安心して暮らすためのさまざまな工夫が詰まっています。

その構造と機能を通して、当時の暮らしぶりを見ていきましょう。

半地下のため土の温度が17、18℃と一定で、柱にする木材の根源を焼いて炭化させることで防腐効果を持たせ、部材となる各木の長さに合わせて、土の深さを調整するなど居住性と耐久性を高めつつ、建てられていた工夫が随所に見られます。

屋根の形状は、地面まで屋根を葺き下ろした「伏屋式《ふせや》」が主流で、「壁立式《かべたち》」は大型住居に限られる傾向にあったようです。

その平面の形態は四角形や楕円形も用いられていますが、円形が最も多く、約80パーセントの確率で採用されています。

そして掘り起こされた土砂を利用し、住居のまわりに土手をつくって、中に水が浸入しない工夫がなされており、必ず住居の中央部には囲炉裏《いろり》が設けられ、低温の火が絶えず焚かれていました。

これは住居内の湿度調整と信仰上のためであったと推測されており、料理は基本的に野外で行われていたといわれています。

一棟あたり10人ほどの、一族体系の男女がともに暮らす「妻問婚《つまどいこん》」と呼ばれる形式で、夫婦は別々に住み、その子どもは母親の一族として育てられたといいます（＝母系制社会）。

『日本書紀』巻十五の顕宗《けんそう》天皇即位前紀、第22代・清寧《せいねい》天皇2年11月の条には、「弘計《おけの》王《みこ》」（後の第23代・顕宗天皇）が囲炉裏に座る主人の「縮見屯倉首《しじみのみやけのおびと》」の「新室《にいむろ》の宴」で「室祝《むろほぎ》の立舞」をされた描写が記載され、竪穴住居の暮らしぶりをうかがうことができます。

それから、人の暮らしの延長線上に、神祭りはあるとよくいわれますが、神武天皇が丹生の川上において斎行された天神地祇を祭る「顕斎《うつしいわい》」を行われたときに、

「其の置ける埴瓮《はにへ》を名《なづ》けて、厳瓮《いつへ》とす。又火の名をば厳香来雷《いつのかぐつち》とす。水の名をば厳罔象女《いつのみづはのめ》とす。又粮《くらいもの》の名をば厳稲魂女《いつのうがのめ》とす。薪《たきぎ》の名をば厳山雷《いつのやまつち》とす。草の名をば厳野椎《いつののつち》とす。」

（『日本書紀』巻三　神武天皇即位前紀）

と、神々へのお供えを調えるために用いた器物をはじめ、素材や食材などに名を与え、尊ばれたことに象徴されるように、きっと縄文の人々も食事を調える際にはそのご神徳を仰いだことでしょう。

ところで、アイヌ民族の言語学者、知里真志保《ちりましほ》（1909〜1961）は、

❶屋根を「チセ・サバ（家の頭）」
❷壁を「チセ・ツマム（家の胴）」
❸屋内を「チセ・プソル（家のふところ）」
❹また家の構造材を「精霊の骨格」
❺葺かれた萱を「精霊の肉」

と、アイヌでは住居を精霊の身体に見立てていることを語っています（田中基《もとい》著『縄文の

メドゥーサ』参照)。

このような工夫は、単なる建築技術を超えて、快適さと安全性及び神聖さを追求した縄文人の知恵を物語っています。

日本人が大切にしてきた「間」の概念

住居空間に対する独特の感性は、縄文時代から現代に至るまで、日本人の暮らしに深く根づいています。「間」という概念を通じて、その背景を探ってみましょう。

神道でも、前述のアイヌの住居に対する風習に類似するかのごとく、「大殿祭祝詞《おおとのほがいのりと》」(『祝詞式』収載)には、宮殿の造営に使用された各部の木材関係は、「屋船久久遅命《やふねくくちのみこと》」が司られ、また屋根に関しては「屋船豊宇気姫命《やふねとようけひめのみこと》」が司られていることが見られ、その屋内空間には大宮売命《おおみやのめのみこと》が坐されて、守護されていることが確かめられます。

こうした居住空間に神々が宿るという考え方は、たとえば、柔剣道の武道場や高校球児の甲子園をはじめ各種スポーツ競技場などで、テレビを通じてよく見受けられる、選手たちの空間に対する礼儀や挨拶にも受け継がれているのかもしれません。このような礼儀や挨拶に日本人の空間への敬意が払われていることを垣間見られるのではないでしょうか。

いまも、われわれ日本人は、他人の住居や部屋を訪問した際に、玄関先や出入口で「ごめんください」や「お邪魔します」「失礼致します」、また退出のときには「お邪魔しました」や「失礼しました」とよく挨拶しますが、これはその家の主人や家族のみに挨拶をしているのではなく、おそらく屋内空間に坐す神々に対しても挨拶しているのではないかと思えてならないのです。

このような聖なる空間認識を表すのに、居間や床の間をはじめ、土間や寝間などの使用例に見られる「間（マ・MA）」という縄文大和言葉が発生したのかもしれません。

さて、縄文の人々がつくる集落（ムラ）の建造物には、典型的なデザインと配置があります。

まず中央にお墓や環状列石が設けられ、そのまわりには祭りや集会に使用される広場があって、それを取り囲むように人々の暮らしを維持するのに、必要不可欠な食料や資材を貯蔵収納するための高床式倉庫や埋穴があります。

さらに、それらの周囲を個々人が暮らしを営む竪穴住居を建て並べて、同心円状のデザイン配置が形成されています。

住居の出入口は普通、採光のためを考えて、南や東向きにあってもよさそうです。ところが、竪穴住居の出入口は、中央のお墓や環状列石のある方向へと向けられているのです。

同心円状のデザイン空間の中で生活するにあたって、そこには何か結界的なものを張りめぐらすような縄文文化の信仰と叡智ともいうべき根深い慣習が感じられてなりません。

それから住居の中央、または、やや奥には、必ず囲炉裏があって、土器が据えられ、低温の火が絶えず焚かれていたことは先述しましたが、その意味についても、知里から教示を受けた田中は次のように述べています。

「家に魂をもたせるためには炉の中に火を焚かねばなりません。新しい家にははじめて火を焚くことをチセ・ラマチ・ア・コレ（家に魂をもたせる）といい、炉に対する点火がいかに家に生命を吹き込むために必要か、を語っています。」　（田中基『縄文のメドゥーサ』より）

つまり、アイヌ民族の囲炉裏への点火の意味するところは、家に魂を持たせることにあったと報告されていますが、このことは大変重要な指摘であると思います。

このような特性を持つ住居について、縄文の人々は、もともと「仮住まい」のものであると考えていたらしく、その耐用年数は約20年であったといわれています。

また、縄文の人々の平均寿命はおよそ30歳くらいで、成人男性の頃に新築の住居を構えたのではないかと推測されています。

このようなことから勘案すると、縄文文化においては、営々と約1万年以上にわたって集積されてきた経験や知識に基づき、息づいてきた信仰や慣習というものがあって、その一つに「住居は約20年を寿命とする」という信仰が、おそらくあったのではないかと類推しています。

ところで、伊勢神宮では20年に一度、大御神の住まいである神殿を建て替え、殿内の調度品である神宝もつくり替えて奉飾し、大御神を新しいお宮へお遷し申し上げる「式年遷宮《しきねんせんぐう》」が約1300年前から行われています。

「式年遷宮」の「式年」とは定められた年という意味で、古代から中世にかけては「20年（内）に一度」を式年とし、近世に至ってからは「20年ごとに一度」を式年とするようになりました。なぜ20年なのかについては定説がありませんが、

❶ 社殿尊厳保持説
❷ 世代技術伝承説
❸ 朔旦冬至《さくたんとうじ》説
❹ 時代生命更新説
❺ 聖数説
❻ 歴代在位年数説
❼ 糒貯蔵年限《ほしいちょぞうねんげん》説

以上の七説が提出されてきています。式年20年の根拠はこれらの説が複合的に絡まっていると類推されますが、私見としては「縄文住居寿命説《じょうもんじゅうきょじゅみょう》」なるものを提唱したいと思い

ます。

その根拠としては、

❶ 1万年以上にも及ぶ縄文時代において仮住居を暮らしの基本とする竪穴住居が用いられていること

❷ その寿命（耐用年数だけでなく建物自体にも生命が宿る）はおよそ20年とされた縄文の住居に対する信仰や慣習が天武朝にも息づいていること

❸ 神宮祭祀が今でも庭上座礼式を採用し、さらに年中きっての祭りである神嘗祭《かんなめさい》はじめ6月・12月の月次祭《つきなみさい》の由貴大御饌《ゆきのおおみけ》が江戸時代までは正殿床下の心御柱《しんのみはしら》前で執行されていたこと

❹ 伊勢神宮正殿の原型は独立棟持柱を有する高床式穀倉に求められますが、それは弥生時代からではなく、すでに縄文中期にまでさかのぼると考えられること（宮本長二郎「神宮本殿形式の成立」〈『瑞垣』183号所収〉）

などがあげられます。
明治42年（1909）の第57回式年遷宮を控えた明治37年（1904）、時の政府高官が将来における遷宮用材枯渇の可能性を憂慮し、第122代・明治天皇に掘立柱に萱の屋根という唯一神明造の工法を、礎石を用いてのコンクリート造の工法に改める提案を上奏しました。天皇はこの提案を退けられ、

「神宮の御造営といふものは我国の固有の建て方である。これを見て始めてこの国の建国の昔の古い事を知り、一つはまた祖宗がかくの如く御質素な建物の中に起臥《きが》をあそばされたといふことも知るし、神宮を介して始めて我国建国の基を知るのであるから、現在のこの建て方は全く永世不変のものでなくてはならぬ。」

（日野西資博《ひのにしすけひろ》著『明治天皇の御日常』より）

と諭《さと》され、式年遷宮によって継承されてきた伊勢神宮の古《いにしえ》の姿を遵守することの意義を鮮明にされています。そして、

「いにしへの　姿のまゝに　あらためぬ　神のやしろぞ　たふとかりける」

との御製《ぎょせい》まで詠《よ》まれているのです。

つまり第40代・天武天皇がご発案なされた20年に一度とは、おそらく弥生文化に端を発するものではなく、一万年以上続いた縄文文化の伝統に則した縄文住居寿命説から導き出されたものではなかったのではないでしょうか。そのことをきっと明治天皇は感得されていたに違いないと思っています。

縄文文化が育んだ「棲み分け」の精神

縄文時代の人々は、分かち合いと調和を大切にして暮らしていました。この精神は、集落のデザインや生活の中に色濃く表れています。

縄文文化は、弥生文化に比較すると、全体として個人や集団での関係性は平等意識が強く、非常に穏健で平和的でした。

縄文の社会では、狩猟や採集といった生業にかかわる一定のテリトリー（半径約5〜10㎞）を有する単位集団（30〜50人の人口が暮らす住居数10棟程度の集落）が数限りなく形成され、それらのテリトリーの調整は、諸々の単位集団の間で、相互的な理解と承認とによって維持されていました。この原理のことを「棲み分け」といいます。

「棲み分け」は、縄文から弥生へと移行・併存する際にも適合されました。

先住民である縄文人は、後から入植して来た弥生人と、できるだけ争うことはせず、平野部や河川の下流地域で暮らしていた人々は、すみやかに、そこを引き渡して、山間部や上・中流域へと移動し、暮らしを営みはじめたと考えられるのです。

このように縄文文化では、人と人との単位集団における「棲み分け」や弥生人との「棲み分け」も行われましたが、人と自然との「棲み分け」も存したことは重要です。

奈良時代の養老年間（723年頃）に成立した『常陸国風土記《ひたちのくにふどき》』には、第26代・継体天皇の御代の出来事が記されています。

この記録によれば、「箭括麻多智《やはずのまたち》」と呼ばれる人物が新たな田畑を切り拓こうとした際、土地の神である「夜刀《やつ》の神」と激しく争いました。

この争いの結果、「山の麓から上は神々の領域、それより下は人々の領域」と明確に区分し、互いにその境界を尊重することで、人と神（＝自然）との間に平和的な「棲み分け」の契約が成立したことが記されています。

一般的に、継体天皇の御代は、古墳時代に属するとされていますが、この「棲み分け」の原理は、単なる当時の知恵に留まらず、さらにさかのぼって縄文文化から育まれてきた暮らしの哲学が土台となっているのではないでしょうか。

このような人と自然との調和を重視した姿勢は、現代においても学ぶべき重要な知恵であるように思われます。

縄文文化が育んだ「棲み分け」の精神は、弥生時代以降にも受け継がれ、人と自然、人と人とが調和して暮らす基盤となりました。

竪穴住居に象徴される縄文時代の暮らしは、自然と人、そして人と人との調和を大切にしてきたことを示しています。
この精神は、現代の暮らしにも学ぶべき普遍的な価値を持っているといえるでしょう。

第 3 章

海と月の神さまに導かれて生きる

海を越える！縄文人の冒険と挑戦

広大な海を舞台に、縄文の人々は命をかけて交易の旅に出ました。その旅の軸となったのが「丸木舟」です。この小さな舟が、どのようにして海を渡り、多くの人々をつなげていったのでしょうか。

約7千～5千年前の縄文前・中期には、すでにヒスイやコハク、黒曜石やアスファルト・貝殻など、産出地が限定される有用な物資をはじめ、石器や土器・漆器に至るまで遠隔地へと運搬され、各集落間の交易が盛んに執り行われていました。

また沿岸部の集落では、加工した干し貝や干し魚・塩などの海産物を内陸部の集落へと運んで、山や野から採集された山の幸と物々交換されていました。

その交易範囲は、北は東北・北海道、南は九州・沖縄諸島にまで及んでいます。このような広範囲に及ぶ物流ネットワークの形成に必要不可欠であったのが、「丸木舟」です。

丸木舟で海を渡った冒険心と物流ネットワーク

縄文の人々は、自然との調和を基盤にした卓越した感覚を活用し、広い海原を安全に渡る術を身につけていました。

その象徴的な道具が「丸木舟」です。

千葉県市川市の「雷下遺跡《かみなりした》」から発見された全長約7・6m、幅50cmの丸木舟と、約2mの櫂《かい》は、縄文時代の高度な航海技術を物語っています。

1本のムクノキを焼いた石器でくり抜いて形づくられた、この舟は単なる移動手段に留まらず、集落間の交易という社会的活動を支える要であり、縄文の人々が持つ知恵と創意工夫の結晶です。

丸木舟を使った航海は、縄文時代の物流ネットワークを形成しました。

この物流ネットワークが築かれた背景には、自然を的確に読み取り、航海を成功させるための独自の感覚と技術がありました。

人間を含むすべての生物には、地球の回転軸である南北を察知する能力が備わっているという興味深い説があります。

さとうみつろうの著書『0Lei』では、登場人物のスーパーコンピューター「0Lei《レイ》」と「怜央奈《レオナ》」の会話を通じて、この能力の存在が描かれています。

たとえば、犬が回転してから用を足すのは磁北を感知しているためだといいます。人間もまた、脊髄を通じて地球の回転軸を自然と感じ取れる能力を持っているとされ、この能力が舟を操り、正確な方向を見極める手助けとなっていたと考えられています。

このような卓越した感覚を活用し、縄文の人々は風の匂いや波の音、月の満ち欠けや星の動きといった自然のサインを読み取りながら、航海を成功させていたと思われます。丸木舟を巧みに操り、自然を味方につけることで、彼らは遠く離れた地の人々と深いつながりを築き上げました。この交易は、単なる物資の移動だけでなく、文化や思想の交流をも促進したものと考えられます。

縄文人の冒険心と海に果敢に挑戦した姿には、現代を生きる私たちにも多くの示唆を与えてくれるのではないでしょうか。

縄文以来の海の神

広い海へ漕ぎ出すとき、縄文の人々は何を思い、どのように神々に祈りを捧げたのでしょうか。

奈良時代成立の『万葉集』巻七には、

「海人《あま》小船　帆かも張れると　見るまでに
鞆《とも》の浦廻《うらみ》に　波立てり見ゆ」

とあって、舟が風を受けて帆走しているのを読み取ることができます。

古代の帆には、「苫《とま》」とか「筵《むしろ》」が使われていたと思われますが、この帆が、舟に取りつけられるようになったのは、およそ4世紀から5世紀にかけてのことと推測されています。岐阜県大垣市「荒尾南遺跡」出土の弥生土器や、鳥取県鳥取市「阿古山22号墳」の横穴式石室の内外には、線刻された帆船の画が施されています。

また『肥前国風土記《ひぜんのくにふどき》』船帆郡の条には、村人たちがこぞって舟に帆を張って、三根川の港に参集し、第12代・景行天皇のご巡幸につかえた、という古伝承があります。

さらに、『日本書紀』巻九には、第14代・仲哀天皇の皇后であった神功皇后《じんぐうこうごう》の「三韓征伐」において、新羅《しらぎ》に向かう船団が、

「大きなる風順《かぜおひかぜ》に吹きて、帆船《ほつむ》波《なみ》に随《したが》ふ。梶楫《かぢかい》を労《いたつ》かずして、便《すなは》ち新羅に到る」

と、順風満帆に海を渡って、目的地へ到着したことが記されています。

『万葉集』や『日本書紀』に見られる帆船の記録は、海を渡るための人々の知恵と技術、そして航海に対する強い想いを伝えています。

縄文の人々も、大海に舟を漕ぎ出すにあたっては、必ず航海の安全祈願を海の神々に捧げたことでしょう。

その対象となった神としては、「イザナギノミコト」の禊祓えの段で、住吉三神の「ツツノオノカミ」とともに出現なされた「ワタツミノカミ」の存在が指摘されます。

それは、「ツツノオノカミ」という神名が、「太い帆柱受けの筒柱の神」と語義解釈され、帆船の生命線ともいうべき帆柱を立てる技術が登場してから祀《まつ》られるようになったと考えられるからです。

したがって、縄文以来の海の神は、ワタツミノカミであったと見られます。

入唐使に贈れる一首

「海若《わたつみ》の　いづれの神を　祈らばか
往《ゆ》くさも来《く》さも　船の早けむ」

（『万葉集』巻九より）

貝輪に秘められた思い――彼方、海の道をたどって

古代の海を渡る人々の旅路には、特別な意味が込められていました。その象徴の一つが「貝輪《かいわ》」です。貝が持つ不思議な力と、その背景にある壮大な物語をたどりましょう。

縄文の人々のアクセサリーとしては、髪飾りやイヤリング（耳飾り）、ペンダント（首飾り）やブレスレット（腕輪）、腰飾りやアンクレットなどがありました。これらの素材にはカワラケや石、植物の繊維や獣の骨や角・牙や歯などが用いられましたが、腕輪には圧倒的に貝殻が使用されています（＝貝輪）。

縄文人が渡ってきた日本へのルート

貝輪を手がかりに、縄文人のルーツと航路を想像してみましょう。彼らがたどった海の道には、遠い過去からの物語が息づいています。

縄文時代の貝塚よりハマグリやアサリ、ヤマトシジミやハイガイ、シオフキガイやホタテガイなど約10種類（全部で40種類ほど発見）の貝がよく食べられていたことがわかっています。

貝輪の素材には、二枚貝のアカガイ・サルボウガイ・ベンケイガイ・タマキガイ・イタボガキ、巻き貝のアカニシ・イモガイ・オオツタノハガイといった特定の種類の貝に限定されていたようです。

この中で縄文前期にはアカガイとサルボウガイ、中期にはイタボガキ、後期にはベンケイガイが最も高確率で貝輪の素材として利用されています。そして、一つのムラで2、3点しか保有できなかった大変希少価値のあったのは、オオツタノハガイ（伊豆諸島の三宅島・御蔵島・八丈島と大隅諸島・トカラ諸島のみで生息）製の貝輪でした。

その製作法は、二枚貝の場合は殻の中央に孔を穿ち、研磨して輪状にし、また巻き貝の場合は、殻を縦か横かに輪切りにしてつくられていました。

ところで、いまからおよそ6万年前には、マレー半島からインドネシア諸島、カリマンタン島が陸地でつながる「スンダランド」と呼ばれる広大な大陸の存在がありました。約4万年前には、このスンダランドから日本列島へと、およそ二つのルートで到達した人々の集団があったとされています。

一つは黒潮本流（日本海流）を利用し、フィリピン諸島・台湾・琉球列島を経由して日本列島の太平洋沿岸地域（千葉県房総半島ぐらいまで）へ、またもう一つは黒潮が東シナ海で一部分流し、九州西方沖を抜けて対馬海峡から日本海沿岸地域へ、と上陸し、移住、拡散して縄文人の祖先となったといわれています。この海の道を通じて、人々の生活や文化が広がり、縄文人の祖先たちが日本列島に根づいたと考えられています。

貝には生命エネルギーを漲らせる力がある

貝がただの素材ではなく、人々にとって特別な意味を持つ存在であった理由とは何でしょうか？　その力は、神話にも表れています。

このルートに呼応するかのように、「貝の道」と呼ばれる東西二つのルートが確認されています。

「貝の道」とは、縄文・弥生時代の人々が、遠い南の島に装飾品の素材となる特有の貝を求めて海を渡り、原料の貝や加工した貝製品を移動させたルートのことをいいます。

東の貝の道は、縄文・弥生時代の東日本地域で、伊豆諸島を舞台に主にオオツタノハガイを貝輪素材として交易しています。

一方、西の貝の道は、弥生・古墳時代の西日本地域で、南九州や沖縄といった南西諸島を舞台に、イモガイ・アカガイ・ゴホウラ・ヤコウガイ・オオツタノハガイ等を貝輪素材として展開しています。

貝についての有名な日本神話としては、大国主神が火傷を負って亡くなられた際、蚶貝《きさがい》比売《ひめ》と蛤貝《うむぎ》比売《ひめ》とがつくられた〝母の乳汁《ちしる》（＝貝のエキスより生成された薬）〟を大国主神に塗られてよみがえらせたと記され（『古事記』上巻の八十神の迫害の段）、貝のエキスには、神をも蘇生させる力が宿っているのを看取できます。

また、伊勢神宮の数ある神饌の中で、最も重視されてきたのは、『万葉集』巻十一で、

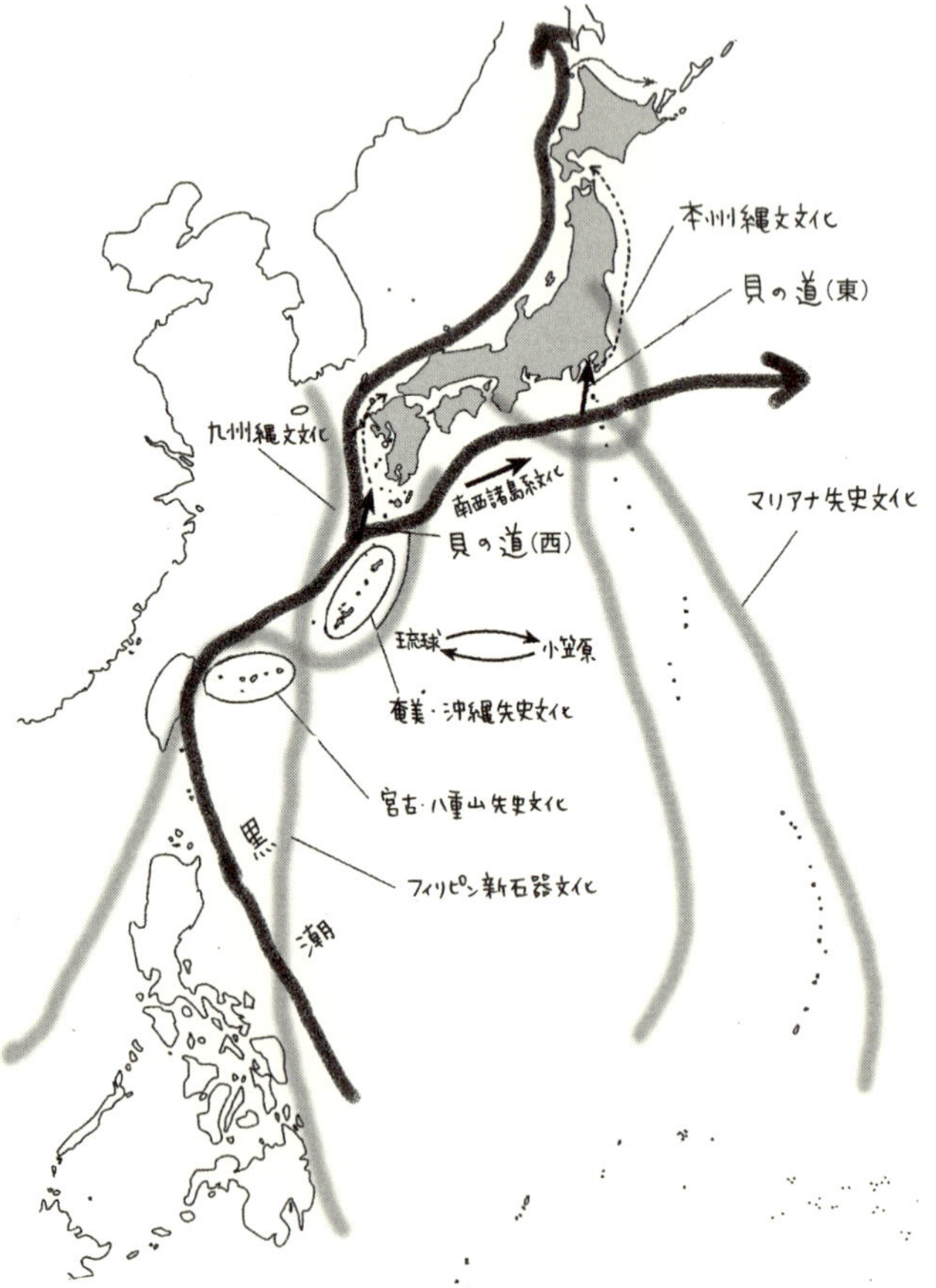

新・海上の道と貝の道

(『神道の源流「縄文」からのメッセージ』より)
小田静夫『考古学からみた新・海上の道』、忍沢成視『貝の考古学』を参考に製作

「伊勢の白水郎《あま》の　朝な夕なに　潜《かづ》くといふ
鰒《あはび》の貝の　片思《かたもひ》にして」

と詠《うた》われ、古より延命長寿の薬とされた鰒《あわび》です。

このように、貝には生命エネルギーを漲《みなぎ》らせる力がある、と信じられてきました。

縄文人にとっても、貝輪はお守りとして生涯身につける特別な存在だったのです。

海の彼方に想いを馳せて

なぜ縄文の人々や神々が、西方の海を見つめていたのでしょうか？

そこには、遠い海の道が秘める物語があります。

「大国主神」は出雲大社のご祭神で、その本殿は南面していますが、ご神座は西方を向いて鎮座しています。また「スサノオノミコト」ともゆかりのある紀伊国（現・和歌山県）においては、熊野速玉大社のご神座も、西向きであったと伝えられています。

なぜ出雲と紀伊で、神々が西に向かわれ、鎮座されているのでしょうか。

それはきっと、神々をはじめ、われわれの遠い祖先たちも、遙か海の彼方から黒潮に乗って来訪した方角が指し示されているのではないでしょうか。

奇しくも、縄文の人々が、丸木舟や筏で貝輪の製作に資すべく、黒潮の源流である南方の島々を往来した「貝の道」に、それが自ずと重なっているのは決して偶然ではないと思うのです。出雲大社の本殿が西を向いて鎮座していることや、熊野速玉大社のご神座も西向きであることには、海を越えた「彼方」への想いが込められているように思えます。

それは、黒潮に乗って日本列島へと渡来した祖先たちの足跡をたどる方向であり、同時に「貝の道」が指し示す未来の交易への道筋とも重なるのです。

丸木舟に乗って「貝の道」を往来した縄文人たちの冒険は、海と人とをつなぐ壮大な物語の一部として、いまなお私たちに新たな気づきを与えてくれます。

彼らの旅に込められた挑戦と願いを感じながら、現代の私たちも「道」を拓いていく必要があるのではないでしょうか。

縄文人が愛したヒスイの生命エネルギー

縄文文化の象徴ともいえる「硬玉ヒスイ」。その鮮やかな緑色の勾玉《まがたま》には、ただ美しいだけでなく、縄文人の技術や信仰、生命観が宿っています。

縄文文化を代表する威信財としては、誰もが「硬玉ヒスイ」を思い浮かべられ、その鮮やかな緑色をした「勾玉」をイメージするのではないでしょうか。

硬玉ヒスイは、新潟県糸魚川《いといがわ》市の「長者ケ原遺跡」や「寺地遺跡」から出土しており、両遺跡からはヒスイ製勾玉とともにヒスイ加工工房も発見されています。

幼児のことを「緑児」というわけ

縄文時代の勾玉は、ただの装飾品ではありませんでした。その形や色に込められた意味を紐解くと、縄文人の生命観が浮かび上がります。

硬玉ヒスイを用いた製品を「岡平遺跡《おかだいら》（栃木県那珂川町）」出土のヒスイ大珠とすると、いまから7千年前の縄文中期には、すでにつくられており、その後期には世界にも比類のない日本独自の「勾玉」が創出されています。そしてこの硬玉ヒスイ製勾玉が、北海道から沖縄まで日本全国くまなく珍重されていました。

この硬玉ヒスイは、6・5〜7というダイヤモンド一歩手前の硬度を誇るといいます。

この硬い材質に孔《あな》をあける穿孔《せんこう》技術は、縄文中期に開発されました。

それ以前の穿孔法は、棒状に成形した石錐の先端部を、それよりも柔らかい対象物に直接あてて干渉させ、孔を穿《うが》っていました。

この穿孔法では、高い硬度を誇る硬玉ヒスイにはまったく歯が立ちません。

そこで縄文の人々は、対象物の上に研磨剤として石英の粉末をのせて、その上で鳥の管骨や乾燥した笹や篠竹等の中空状の錐《きり》を用いて回転させ、石英の硬さで対象物に孔を穿つという革新的な技術を開発し、硬玉ヒスイに穿孔することに成功したのです。

ところで、勾玉の形状は一体何を意味しているのでしょうか。

これまで説かれてきた主な説は、

❶獣の牙玉
❷三日月
❸胎児
❹玦状《けつじょう》耳飾り

などですが、やはりその形状は、③の胎児を表しているのではないかと思います。

この胎児説をはじめて本格的に提唱されたのは、解剖学者の三木成夫《みきしげお》（1925〜

1987）です。

胎児が母親の胎内で十月十日を過ごす間に、「地球47億年の生命の進化の全過程」を身体に刻みこませるように体験していることを、著書『胎児の世界―人類の生命記憶』で紹介され、受胎してから約2カ月頃（胎芽から胎児へ）の魚類の形をした胎児を、たびたび「勾玉」にたとえて説明されています。

それから、硬玉ヒスイ製勾玉は、鮮やかな緑色をしているのが特徴ですが、『大宝令』（大宝元年・701成立）には「三歳以下を緑とせよ」との規定があり、『万葉集』巻十八にも「弥騰里児《みどりこ》」と詠まれ、生まれたばかりの子どもが新芽や若葉の如く生命力に溢れていることから、幼児のことを「緑児」と称したといいます。

また、青森県八戸市の縄文後期の「薬師前遺跡」出土の土器棺には、4コマ漫画のような発芽の様子を描写したと考えられる文様が刻まれています。

このようなことから、緑色というのは、植物の発芽を意味したものであると考察されます。緑色がいかに発芽や生命の象徴として重要視されていたかがうかがえるのではないでしょうか。

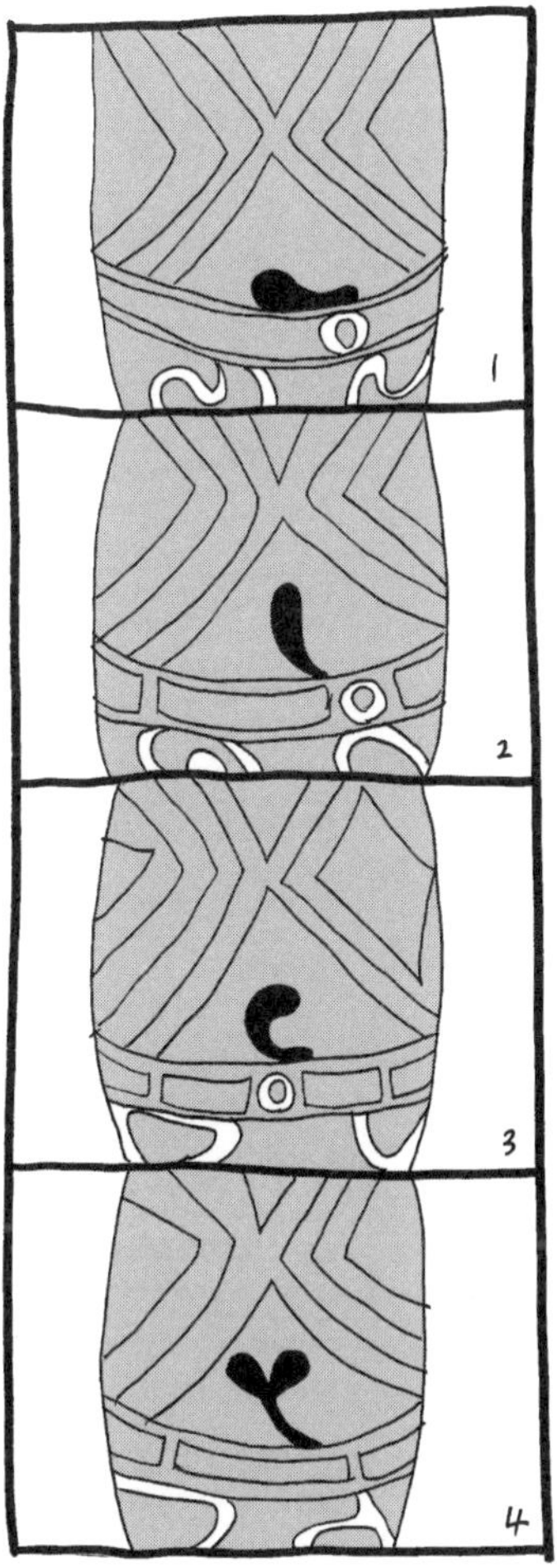

土器棺の発芽文様

（『神道の源流「縄文」からのメッセージ』より）
※イラスト参考：青森県薬師前遺跡出土の土器棺には
発芽の様子を描いたような文様が見られます（青森県五戸町教育委員会所蔵）

先にご紹介した硬玉ヒスイの穿孔は、成人男性が1時間懸命に取り組んだとしても、深さ1ミリにも満たない孔しか穿てないといい、非常な困難を伴う作業であったことが理解できます。

にもかかわらず、硬玉ヒスイ製勾玉に、なぜ執拗に穿孔したのでしょうか。

紐を通すための孔であることは確かですが、むしろ、それよりも勾玉の形状を胎児に象《かたど》って、その心臓にあたるところを穿孔することによって新たな生命を吹き込むことに意義があったと思われてならないのです。

『古事記』上巻の天地開闢《かいびゃく》の段には、

「水母《くらげ》なす漂《ただよ》へる時に
葦牙《あしかび》のごと萌《も》え騰《あが》る物《もの》に因りて成りませる」

と見られ、また『万葉集』巻八の志貴皇子が詠まれた御歌には、

「石そそく　垂水《たるみ》の上の　さわらびの
萌《も》え出づる　春になりにけるかも」
（両書傍線筆者付す）

とあって、古の人々は「葦牙」や「わらび」などの植物の芽が吹き出す瞬間に溌剌《はつらつ》とした生命エネルギー（＝産霊《むすび》の力）を感得していたに違いないと思います。

したがって、硬玉ヒスイ製勾玉とは〝ムスビの力溢れる新芽のような胎児を象った玉（タマも古語でイノチの意を表す）〟といえるでしょう。

なぜ勾玉に「ヒスイ」が選ばれたのか

硬玉ヒスイの輝きが生まれた背景には、縄文の人々の信仰と自然との関わりが深く関わっています。その特別な意味を探りましょう。

硬玉ヒスイは、新潟県糸魚川の河川域でしか産出しませんが、そこで祀られていた神は硬玉ヒスイの化身ともいえる「渟名川姫命《ぬなかわひめのみこと》（沼河比売命）」でした。

「ヌナカワヒメノミコト」に求婚すべく、出雲の国から高志《こし》の国（現在の富山県から新潟県にかけて）へと訪ねられた八千戈神《やちほこのかみ》（＝大国主神）は、めでたく結婚されましたが（『古事記』上巻の沼河比売求婚の段参照）、この神話は硬玉ヒスイを産出する地域の人々と、出雲地域の人々とが友好関係を結んだことを意味しているとも理解されます。ちなみに、出雲地方で発掘された硬玉ヒスイ製品は、すべて糸魚川産のものといわれており、産出された硬玉ヒスイは、縄文後期から後の奈良時代に至るまで大変珍重されました。

実は、糸魚川が硬玉ヒスイの産地として再認識され、広く知られるようになったのは昭和初期のことで、それまで国内では一切産出されず、すべてミャンマー産などの舶来品のものがわが国にもたらされたと信じられてきました。

新潟県出身の童謡「春よ来い」の作詞で知られる詩人、相馬御風《そうまぎょふう》（1883〜1950）は、東京より故郷に帰郷し隠棲生活を始めますが、地元の伝承に「ヌナカワヒメノミコトが硬玉ヒスイの勾玉を身につけてクニを治めていた」とあることに着目しました。

そして知人の鎌上竹雄《かまがみたけお》（1889〜1974）に、

「ヌナカワヒメの〝ヌ〟やヤサカニノマガタマの〝ニ〟は、硬玉ヒスイと解釈されるので糸魚川の山奥のどこかに、それがあるはずだ」
と話したといわれています。
それを鎌上が現・糸魚川市小滝在住の伊藤栄蔵に伝え、実際に伊藤が硬玉ヒスイを求めて小滝川流域を調査したところ、ついに緑色の石を発見。東北大学理学部岩石鉱物鉱床学教室に持ち込まれて成分分析された結果、硬玉ヒスイと判明したため、同教室の河野義礼が改めて現地踏査を実施して確認されたというエピソードが伝えられています。

「沼名《ぬな》川の　底なる玉　求めて　得まし玉かも
拾《ひり》ひて　得し玉かも　あたらしき　君が　老ゆらく惜しも」
（姫川の底にある玉、探し求めてやっと得た玉、川底を這いずりまわって偶然拾い得た玉、この玉のように若々しい君が老いていくのは大変惜しいことです）

と『万葉集』巻十三に詠われ、硬玉ヒスイ製の玉は元気溌剌とした生命エネルギーに溢れる効用をもたらす妙なる玉とされていたことがうかがわれます。

ところで『日本書紀』巻二の天孫降臨の段には、

「天照大神、乃ち天津彦彦火瓊瓊杵尊《あまつひこひこほのににぎのみこと》に、八坂瓊《やさかに》の曲玉《まがたま》及び八咫鏡《やたのかがみ》・草薙劔《くさなぎのつるぎ》、三種の宝物を賜ふ」

とあって、オオミカミが皇孫ニニギノミコトに与えられた皇位とともに伝えられるべき宝物「三種の神器」の一つに「八尺瓊勾玉《やさかにのまがたま》（曲玉）」の存在があります。

また、『越後国風土記《えちごのくにふどき》』逸文「八坂丹」の条には、

「八坂丹《やさかに》は玉の名なり。
玉の色青きを謂ふ、故《かれ》、青八坂丹の玉と云ふ。」

と記されていますが、先の『古事記』『万葉集』に記載されるヌナカワの「ヌ」や『日本書紀』『風土記』に見られるヤサカニの「ニ」は、先にも触れましたが相馬御風が語義

解釈された通りであって、おそらくは「硬玉ヒスイ」を指す古語であろうと思われます。

そうすると、オオミカミがニニギノミコトに授けられた「ヤサカニノマガタマ」の材質は、硬玉ヒスイと推測され、その形状が胎児を象ったものとするならば、いわゆる三大神勅の「天壌無窮の神勅」における、皇室の永遠性を保証することを表象するのに相応《ふさわ》しい宝物として理解できるのではないでしょうか。そして、胎児の形状をした生命エネルギー溢れる勾玉であればこそ、南朝の柱石として活躍した北畠親房《きたはたけちかふさ》が名著『神皇正統記』(延元4年・暦応2年・1339成立)天の巻において、

「玉は柔和善順を徳とす。慈悲の本源也」


と説き、母親が緑児に抱く慈愛を象徴するレガリアとしてヤサカニノマガタマの有する働きを説明したものと考えられるでしょう。

硬玉ヒスイの勾玉には、ただの装飾品以上の意味が込められていたのです。それは縄文人が共有した生命エネルギーへの畏敬《いけい》と歓喜、慈愛の象徴なのでした。

海の神ワタツミノカミと、月の神ツキヨミノミコト

海と月。この二つの要素は、古代の人々にとって生活の基盤であるだけでなく、信仰の中心でもありました。縄文文化に根ざした神々である「ワタツミノカミ」と「ツキヨミノミコト」について探ってみましょう。

「潮満たば　いかにせむとか　海神《わたつみ》の
神が手渡る　海人娘子《あまおとめ》ども」

（潮が満ちてきたら、一体どうするつもりなのだろうか、海神が支配する危険な場所を泳いでいる海人の娘子たちは）

（『万葉集』巻七より）

ワタツミノカミが伝える豊穣と守護

「海を渡り、海を守る」神としての「ワタツミノカミ」は、古代から日本人の信仰の中で重要な役割を果たしてきました。その深い意味を紐解くことで、自然と調和した日本人の精神性に触れることができます。

国学者・本居宣長は『古事記伝』五の巻で、「ワタツミノカミ」の神名に込められた意味を解釈し、およそ以下のように説明しています。

❶「ワタ」は「海」を表すとともに、「渡る」ことをも意味する。

❷「ツミ」は「持《たも》つ」ことを表すので、「ワタツミノカミ」とは海を統括する神のことである。

さらに、彼は『古事記伝』十七の巻にて『古事記』上巻の海幸彦・山幸彦の神話で山幸彦命の危急を救われた「ワタツミノカミ」（→海の豊穣を司る神として描写）と、同書同巻の神生みの段で化生された「オオワタツミノカミ」及び禊祓《みそぎはら》えの段で現れた底・中・上の三柱の「ワタツミノカミ」（→禊祓えを助長する神として描写）は同一の神であることを述べています。

これら宣長の「ワタツミノカミ」に関する説は穏当なものであって大いに賛同したいと思っています。とりわけ、イザナギノオオカミの禊祓えにおいて三柱のスミヨシノカミとともに三柱のワタツミノカミが生まれ、最終的には「三貴子」と呼ばれたアマテラスオオミカミ・ツキヨミノミコト・スサノオノミコトが出現されたことは注目に値《あたい》します。まるで「三」という数字で神々を一括りにして捉えているかのようです。

そして、海に関する神々が三柱であるのは、大阪市住吉区の住吉大社で住吉三神（ウワツツノオノミコト・ナカツツノオノミコト・ソコツツノオノミコト）が祀られ、また宗像三神が沖ノ島の沖津宮でタゴリヒメノミコト・筑前大島の中津宮でタギツヒメノミコト・宗像田島の辺津宮でイチキシマヒメノミコトが奉斎されていることにもうかがうことができます。

また、神社に限らず聖地においても、沖縄の久高島《くだかじま》は本来、津堅島《つけんじま》・浜比嘉島《はまひがじま》と三つが

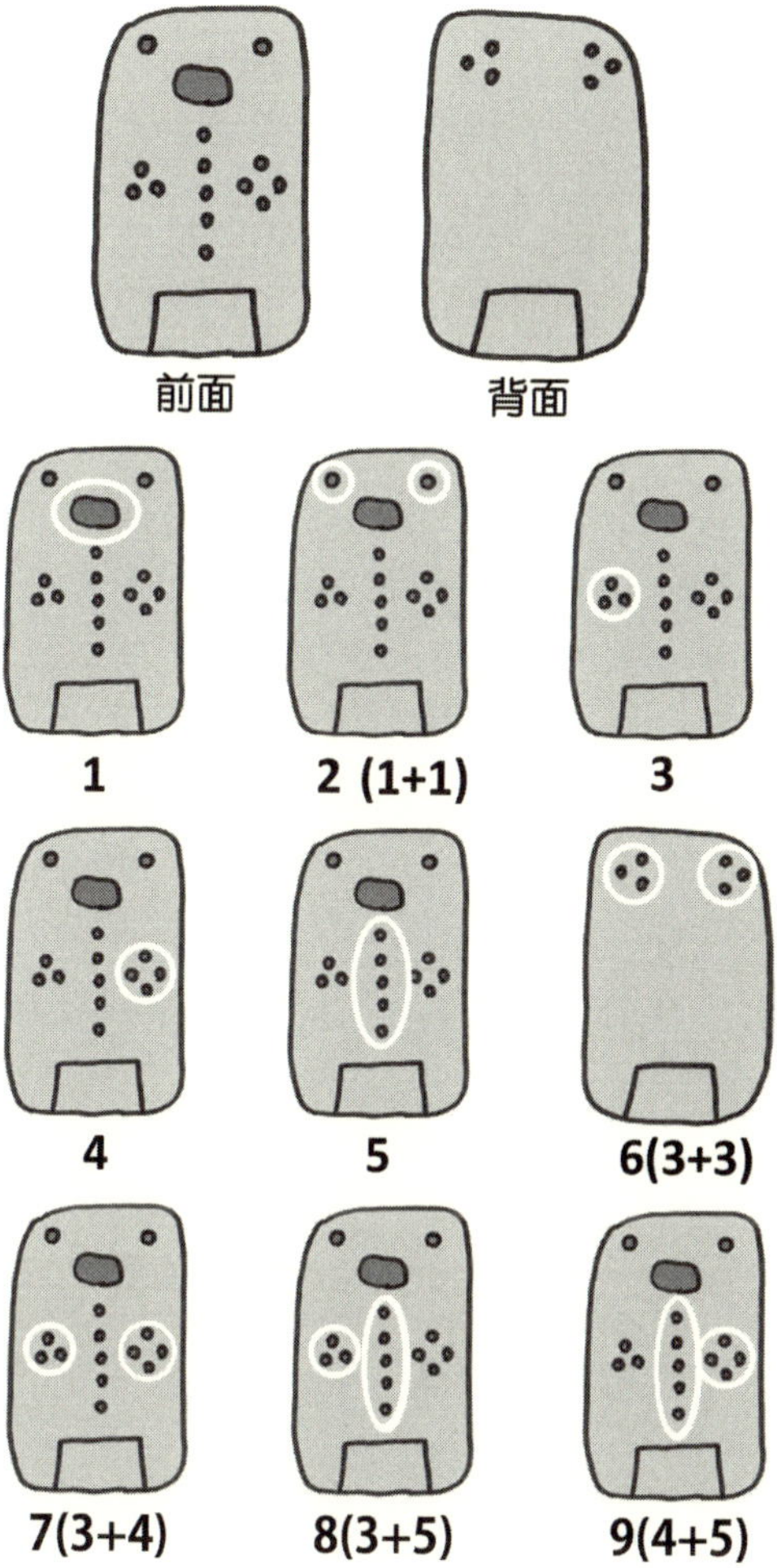

数を表す土版

（『神道の源流「縄文」からのメッセージ』より7〜9を加えて転載）
参考：大湯ストーンサークル館展示「大湯環状列石出土“数を表す土版”」（鹿角市教育委員会所蔵）

一括りで神聖視されていたといわれています。

縄文の人々はすでに数字を認識していましたが（大湯ストーンサークル出土〝数を表す土版〟参考）、数ある数字の中で特に「三」を好んで用いたといわれています。

また、「三」という数字は人の意識の構造とも関連づけられています。

人間の意識は、表層意識・深層意識・超意識の三層から成り立つとされ、この三層を結ぶ繋《つな》がりが、おそらくワタツミノカミのご神格にも投影されているのかもしれません。

したがって、ワタツミノカミのご神徳は、次のようにまとめられると思います。

❶　海の統括神
海を統括し、海の豊穣をもたらします。

❷　渡海の守護神
航海の安全を保証し、海を渡る人々を守ります。

❸　禊祓えの助長神
人間の意識を表層意識から深層意識を経て超意識へと導き、浄化と再生を助けます。

海に生きる人々にとって、ワタツミノカミの存在は単なる守護神に留まりません。海の豊穣や渡海する勇気をわれわれに与えてくれるとともに、人を浄化する力まで授けてくださる神として、日本の精神文化の中に深く息づいています。

現代社会においても、海の偉大さを思い出し、自然の中で生きる喜びを感じるきっかけともなるのではないでしょうか。

ツキヨミノミコトに託された月のリズムと癒しの光

月の満ち欠けは海の干満だけでなく、人々の生活や自然の営みに大きな影響を与える重要な現象です。ツキヨミノミコトという神が担う役割を深く考えることで、自然のリズムと調和する大切さを見つめ直す絶好の機会となるのではないでしょうか。

第37代・斉明天皇が新羅討伐のため九州に向かわれる途中、愛媛県の道後温泉あたりにあった熟田津《にきたつ》で滞在されたときに額田王《ぬかたのおおきみ》がつくったとされる次の一首が『万葉集』巻一に収載されています。

「熟田津に　船乗りせむと　月待てば
潮もかなひぬ　今は漕《こ》ぎ出でな」

（熟田津から乗船しようと［東の空から］満月が出るのを待っていると、ちょうど満月が出て満潮になったので［さあ］船を漕ぎ出そうよ）

また、新羅派遣の使人が広島県福山市の西に位置した神島から九州へ向かう際に詠んだ左の歌が同書巻十五に見られます。

「月読の　光を清み　神島の
磯廻《いそみ》の浦ゆ　船出す我は」

（お月さまの光が清らかなので［季節風が吹き昼は逆風であるので順風の夜を待ってから］、それを頼りに［風待ちの寄港地であった］神島の岩場の多い入江から船出をするのだ、われらは）

右の二首より月（月読とも）には海の干潮や満潮、風の逆風や順風を左右する力があったことがうかがわれます。

京都市西京区・松尾大社の境外摂社の「月読神社」は『延喜式』神名帳《じんみょうちょう》所載の式内社に比定されていますが、もとは壱岐《いき》国の同じく式内社であった「月読神社」から勧請《かんじょう》された社で、壱岐の県主《あがたぬし》の先祖であった押見宿祢《おしみのすくね》が奉仕したと伝えられています（『日本書紀』巻十五の顕宗天皇3年2月1日の条参照）。その壱岐（伊伎とも）の宿祢は、古代ヤマト朝廷で亀卜《きぼく》を司る祭祀氏族だった「卜部」の宿祢より改姓されたといわれています（『日本三代実録』貞観5年9月7日の条参照）。

卜部氏の「卜《うら》」は浜や磯に対して陸地が湾曲して海がその中に入り込んでいる地形を指す「浦」にも通じており、元来卜部氏とはツキヨミノミコトと海に関係・関与する氏族であったことが理解できます。

縄文の人々の暮らしを支えた生業の三大支柱の一つに漁労があり、「第2章　縄文のDNA―心のやすらぎと命のつながり　第一節「お月見」の心―自然のリズムと共に暮ららす」で触れたように十五夜（芋名月）が縄文以来の月に関する祭りであったこと、また、記紀神話の禊祓えの段では縄文以来、海を司られた神であるワタツミノカミの化生に引き続いて三貴子の一神に「ツキヨミノミコト」の出現が記述されていることなどからすると、ツキヨミノミコトは縄文文化の色彩や影響が強い神であると思われます。

「菜の花畠に　入り日薄れ
見わたす山の端　霞ふかし
春風そよふく　空を見れば
夕月かかりて　におい淡し」

この歌は小学校唱歌として著名な「朧月夜《おぼろづきよ》」（高野辰之作詞・岡野貞一作曲）です。令和の御代に入り、われわれに最も近い天体である月についての関心が益々高まりを見せ、たとえば太陰暦によるカレンダーを用いて季節感をより深く感じたり、あるいは日光浴ならぬ月光浴を楽しむ女性や旧節供行事を個人的に行う人々も増えてきているといわれています。

このような中、自ずとツキヨミノミコトに寄せる人々の意識や想いも強まっています。

ところで、伊勢神宮にはツキヨミノミコトを祀るお宮が2ケ処あります。すなわち伊勢市中村町に鎮座する内宮所管の別宮「月読宮」と伊勢市宮後《みやじり》に鎮座する外宮所管の別宮「月夜見宮」です。2つのお宮とも同じご祭神をお祀りしていますが、その表記の違いにすぐにお気づきになられるのではないでしょうか。

歴史的にはツキヨミノミコトの表記については、「月読尊」「月夜見尊」「月弓尊」など、さまざまでありました。現在の表記は『延喜式』（927年成立）に基づいて、それぞれのお宮を峻別するために使用され始めたと一般的には考えられています。しかしながら、いまから約100年前にこれらの表記を定めた先人たちには、それだけに留まらず、おそらく祖先たちからの内宮と外宮におけるツキヨミノミコトのご神徳の相違を明らかに知った上で決定したものと見られます。

つまり、内宮所管の「月読宮」の月読尊は、まさしく月の満ち欠けによる、潮の干満をも左右するエネルギーや暦をつくり出すことを可能ならしめるパワーといったツキヨミノミコトの側面を祀っており、一方「月夜見宮」の月夜見尊は、われわれに満月の癒しの光をもたらすというエネルギーのツキヨミノミコトの側面を祀ったと思考され、ここにも二つで一つの縄文思想が看取されるのではないでしょうか。

与謝野晶子《よさのあきこ》

「夕月の　ひかりのごとく　めでたきは
木立の中の　月読の宮」

月は古来より、美しさと神秘性を兼ね備えた存在として人々を惹きつけてきました。縄文から続く月と海の信仰。それはただの自然崇拝ではなく、自然とともに生きることの尊さを現代にも伝えてくれます。ツキヨミノミコトに託された29・5日周期で満ち欠けを繰り返す月のリズムと癒しの光のメッセージを通じて、私たちも自然とのつながりを再認識してみてはいかがでしょうか。

真珠と月がもたらす穏やかな癒しの力

月の光に癒され、真珠の輝きに魅了される。この項では、月と真珠が古代から現代に至るまで、どのように人々の心を癒し、生活に潤いをもたらしてきたのかを探っていきます。

「菜の花や　月は東に　日は西に」

右の句は、与謝蕪村《よさぶそん》（1716～1784）が安永3年（1774）3月23日に兵庫県の六甲の摩耶山を訪問した際に詠んだ句です。

春の夕暮れ時、菜の花が一面に咲き誇っているところに、ちょうど満月に近い月が東からのぼり、一方太陽は西に沈んでいくという大変スケールの大きな絶景を描写しています。

大御神はなぜ「伊勢」を選ばれたのか

天照大御神が伊勢に鎮座された理由について考えると、自然豊かな土地であることがまずあげられます。しかし、それだけではありません。「真珠」という特別な要素も、伊勢を選ばれた理由の一つだったのかもしれません。

『日本書紀』巻六によると、第11代・垂仁天皇《すいにんてんのう》の御代に、大和から近江・美濃を経て、現在の大宮処である伊勢の五十鈴川のほとりに天照大御神が、ご鎮座されたのは、いまから約2千年前と伝えられています。

なぜ伊勢が選ばれたのかは、おそらくお祭りの斎行には欠かせない神饌《しんせん》（＝神へのお供え物）を安定的に供給する豊かな地であったのが最たる理由であると考えられますが、ほかに「真珠」が採取できることも指摘できると思っています。

それは、大御神の伊勢鎮座を果たされた垂仁帝の皇女・倭姫命《やまとひめのみこと》が伊勢の国を褒め称えられた詞《ことば》（＝国祝《くにほぎ》）の中に、「太摩伎志売留国《たまきしめるくに》（＝真珠が採取できる国の意）」（『太神宮本記』より）とあるからです。

『万葉集』巻七には、

「伊勢の海の　白水郎《あま》の島津《しまづ》が　鰒玉《あわびだま》
取りて後《あと》もが　恋の繁《しげ》けむ」
「海神《わたつみ》の　持てる白玉　見まく欲《ほ》り
千《ち》たびぞ　告《の》りし　潜《かづき》する海人《あま》」

と見られ、古代「鰒玉《あわびだま》」や「白玉《しらたま》」と呼ばれた真珠が登場します。

また20年に一度の式年遷宮の際には、大御神に奉られる神宝の一つに真珠の存在があります。

そもそも真珠が、大御神の重要な神宝として珍重されるようになった歴史的・伝統的な背景には、すでに縄文文化において真珠が威信財として取り扱われていたという事実があります。

たとえば、「トリハマ・パール」と呼ばれる福井県三方上中郡若狭町「鳥浜貝塚」から出土した真珠は、直径約1・5㎝、重さ凡《およ》そ2・9g、約5千5百年前の縄文前期にあたるわが国最古のもので淡水産の二枚貝（カワシンジュガイ・ドブガイ・カラスガイ）を母貝とすると考えられています。

あるいは、約4千5百年前の北海道古宇《ふるう》郡泊村「茶津貝塚」からは紐を通すための孔があけられた全国的にも珍しい真珠が出土しています。

また、後世のことながら、奈良時代に『古事記』を編集した太安麻呂《おおのやすまろ》の遺骨が納められた木櫃《もくひつ》からも、直径約5㎜のアコヤ製真珠が発見されています。

このように縄文以来、装飾品や威信財として真珠が珍重されていたことがわかっています。

本当の輝きに出会う神さまの癒し

真珠は、ただ美しいだけでなく、自然の穏やかな癒しの力を象徴する存在でした。その成り立ちは月の引力と深い関係があります。

真珠は、月の引力の影響を受けた海の干満の中で育ちます。

その輝きのもとになる真珠層は、木の年輪と類似し貝の中に侵入した異物を包み込むために生じます。およそ0・4ミクロンの層が1500〜2500枚程度巻かれ、月の引力の影響を受けた潮の満ち引きがその巻きを大きく左右し、また大潮のときには色素が分泌するともいわれています。

したがって、真珠のことを古代ローマでは、「月の雫《しずく》」とも呼称しました（谷《たに》興征《たつゆき》著『本当の輝きに出会う心珠のお話』参照）。

天照大御神は、よく「太陽（日）の女神」として讃えられ、そのご神格には日の働きと恵みとが感得されてきました。

それを補完し、強化するにはやはり月の影響下で育成された真珠が必要であり、遷宮ごとに大御神に奉献されるのではないでしょうか。

ところで、『万葉集』巻十三には、天まで届く橋や高い山にかけのぼっても、どうにかして「ツキヨミノミコト」が持たれているという若返りの霊水である「変若《おち》（返）水《みず》」を手に入れて、老いゆくあなたを惜しんで奉りたい、という切なる願望が託された長歌と反歌が、次のように掲載されています。

「天橋も　長くもがも　高山も　高くもがも
月《つく》よみの　持てる変若水《をちみづ》　い取り来て
君《きみ》に奉《まつ》りて　変若《をち》得《え》てしかも
《反歌》
天なるや　月日のごとく　わが思《も》へる
君が日に異《け》に　老ゆらく惜しも」

この長歌と反歌では、古《いにしえ》より、月には不老不死の霊水がある、と信じられてきましたが、伊勢神宮でもこの信仰が脈々と息づいてきています。

それを象徴するのが約8年の歳月をかけ、およそ35の諸祭行事より構成される、20年に一度執り行われる式年遷宮の際の「洗清《あらいきよめ》」という儀式です。

「洗清」とは、竣工されたばかりの新正殿を「聖なる水（外宮は上御井《かみのみい》神社より奉汲された水・内宮は五十鈴川より奉汲された水）」と塩で浄化し、いつまでも清浄で堅固であるように祈りが捧げられる儀式です。

とりわけ内宮の第51回目の遷宮記録である『寛政遷宮物語』（寛政元年［1789］8月17日の条）には、この儀式で使用される水を奉汲《ほうきゅう》する場面が、次のように描かれています。

「きよさかとくのうちうどら（清酒作内人）十二人は、とり（酉）の告るを待とりて、例のゆあミ・くしけづり・はらひものして、作所の手より水桶・ひさごやうの物こひとり、白ぬの（布）のたもと（袂）にあがつきの露の玉だすきかけて御饌あらふ御川のべに打出て、水を手ごとにくみつつ、瑞垣の御内にはこび奉るとき、

くめやくめ　にごらぬみよの　山清水　ひさごにやどる　月もさながら」

17日の明け方に、ご正宮前を流れる五十鈴川の川辺に降り立ち、水面に十五夜に近い月の穏やかな癒しの光を浴びた水が奉汲され、洗清に供されています。

つまり、この水こそは、ツヨミノミコトがもたらされた若返りの霊水「変返水」だったと考えられるのです。

蕪村の俳句にも見られたように、自然の中で感じる月の美しさやその神秘的な力は、私たちにやすらぎを与えてくれます。

そして、真珠はただの装飾品ではなく、実は月の霊力とそのリズムをわれわれにもたらしてくれるという意味を持っていたと考えられます。

現代でも、月光浴や真珠を使ったアクセサリーが人気を集める理由はここにあるのではないでしょうか。

「月と真珠」の穏やかな癒しの力を、ぜひとも日々の生活に取り入れてみてはいかがでしょうか。

第 4 章

大和心と縄文の精神で未来を開いていこう

マレビトの知恵——困難を福に変える

「災いを転じて福となす」——日本文化には、外から訪れる困難や異質なものを恐れるだけでなく、それを受け入れ、自らの糧として生かす独自の知恵があります。この節では、私たちの生活に息づくその精神と、古代から続くマレビト信仰について考えます。

「節分」の豆まきや恵方巻《えほうまき》は、外から来る災いを祓い福を招くというわが国の伝統的な風習ですが、自然の移り変わりに呼応しながら幸せな暮らしを営むためのわれわれの遠い祖先からの知恵や信仰に基づいています。

節分とは、元来は季節が移り変わる節目の年4回（立春・立夏・立秋・立冬）それぞれの前日のことです。

春に限定されるようになったのには諸説ありますが、季節の変わり目に「家庭に邪気が入らないように、災いが外から来ないように」という人々の意識がもとにあります。

鬼も福もともに迎える日本人の「懐《ふところ》」

春分の日を、境に日の神の霊力が再び取り戻されてくる寿《ことほ》ぎを清々しく迎える気持ちに、大陸の暦法の知識が加わって、旧暦の大晦日に「歳神《としがみ》（＝山の神やご先祖）」を奉迎する準備として、あらかじめ邪気を祓っておくことがよく行われました。それが年越しの行事として定着したのかもしれません。

ちなみに恵方巻とは、歳神が来訪される方位を恵方（縁起のよい方角）といったことに由来し、その方角に向かって歳神を歓迎すべく巻き寿司を食する風習です。

古来、人々が最も「慎んで忌む」方角としては、鬼門＝東北角といわれてきました。

それは、昔の都である奈良・京都から見て、その外のとりわけ東北地方に異なる文化の人々や目に見えない存在（＝鬼）を意識したことに依拠しています。

そこでその方角に南天《なんてん》を植えたり、餅や豆をまいたりして「エネルギーの強いもの」を供進《きょうしん》するというのが、鬼というものの地政学に根ざした考え方です。

「鬼は外、福は内」というのは、ナマハゲなどにも共通していることですが、「悪い神も善い神も災い（＝鬼）も幸い（＝福）も訪れるけれども、その両方を共に迎えて、いなしてきた」わが国独特の美風であり知恵でもあります。

これが弥生以前の日本文化の基層を解明する上で、とても重要な鍵を握っているとして、柳田國男と、日本民俗学研究の双璧を成した折口信夫《おりぐちしのぶ》（1887〜1953）が「マレビト」信仰としてまとめています。

日本人は、災いや幸運の双方を一緒に迎え入れる文化を育んできました。この「両方を受け入れる」姿勢は、折口が「マレビト信仰」として整理した重要な考え方に基づいています。

マレビトとは、「自分たちの暮らしとは異質な文化や神が、時を定めて訪れる」という考え方のことで、災いも幸いももたらすという両方の側面があります。

マレビトをこぞって出迎えるのか、悪いものとして全面排除するのか、その絶妙のバランス感覚の大切さと感性とがわれわれに伝えられてきたのでしょう。

このようなマレビトの伝統文化を継承する民俗行事としては、２０１８年11月にユネスコ無形文化遺産に登録された秋田県男鹿《おが》のナマハゲや、山形県遊佐《ゆさ》のアマハゲ、鹿児島県悪石島《あくせきじま》のボゼや、沖縄県宮古島のパーントウなど計10件の行事が有名です。

岡本太郎は、『沖縄文化論――忘れられた日本』「ちゅらかさの伝統」の中で、「美《ちゅ》ら瘡《かさ》」という言葉をめぐって、折口信夫の語義解釈を紹介しながら、マレビト信仰が、いまも沖縄に息づいていることを、左のごとく考察しています。

「沖縄には「美《ちゅ》ら瘡《かさ》」という面白い言葉がある。天然痘のことだ。近ごろは病気自体がなくなったので、あまり使われないようだが。

どうして瘡が美しいのだろう。

折口信夫は、これについて、

「病いといえども（他界からくる神だから）一おうは讃め迎え、快く送り出す習しになっていたのである。……海の彼岸より渡来するものは、必ず善美なるものとして受け入れるのが、大なり小なり、われわれに持ち伝えた信じ方であった。」

と報告している。

適切な見方である。しかしそういう過ぎ去っていく神秘的なものに対する儀礼的な気分だけでは、この微妙な表現は解明しつくせない。もっと現実的な、一種のおそれをこめた弁証法的な表現がそこにある、と私は考えるのだ。

災いとか伝染病を美称でよぶのは、なるほど、ひどく矛盾のようだが、しかしかっての島の人には切実な意味があったに違いない。複雑な心情である。

外からくるものはいつも力としてやってきて、このモノトニーの世界に爪あとを残す。それはよし悪しを抜きにして「貴重」なのである。だから畏れ敬って一おう無条件にむかえる。

だが何といっても、これは天然痘なのだ。決して好ましい客ではない。この凶悪に対し、彼らは無防備なのである。卑しめたり、粗末に扱えばタタリがひどいだろう。なだめすかして、なるべくおとなしく引き取ってもらわなければならない。

恐ろしいからこそ大事にする。人間が自然の気まぐれに対して無力であった時代、災禍をもたらす力は神聖視された。〝凶なる神聖〟である。それは〝幸いなる神聖〟と表裏である。幸と不幸とがどこかで断絶し、連続しているか、それが誰にわかるというのだろう。近代市民のように功利的に、吉と凶、善と悪、まるで白と黒のように、きっちり色分けして判断し処理することはできない。幸いはそのまま災いに転じ、災いは不断に幸いに隣合わせしている。それはつねに転換し得る。

強烈に反撥し、対決してうち勝つなんていう危険な方法よりも、うやまい、奉り、巧みに価値転換して敬遠していく。無防備な生活者の知恵であった。」

この岡本の指摘に見られるような、マレビト信仰が発生する土壌を掘り下げてみると、神道では、まずムスビノカミやナオビノカミのように「善い神（正方向のエネルギーやプラスエネルギー、または生成・修復する力などを司る神と解される）」もいれば、マガツヒノカミのように「悪い神（逆方向のエネルギー・マイナスエネルギー、または破壊・分離する力を司る神と解される）」もいると捉えて、どちらの神々も必要不可欠な存在であるとする信仰があります。

その上それらの神々の行為や働きには、すべて意味があり、霊妙で奇跡的であるとさえ考えていることがあげられます。

第1章・第1節の「神道の本質―調和と秩序のアニミズム」でも述べましたように、たとえば物事の判断について「黒色なのか？　白色なのか？」と問われれば、そこはあえて「灰色を選択する」という、いわば絶妙なバランス感覚がわれわれの感性（アイデンティティー）には、すでに備わっているのではないでしょうか。

「これは悪いものだから不要」「これは間違っているから不適切」ということを日常でつい行ってしまいがちですが、それは見たり感じたりする個々人の立場や都合によって物事の善悪は容易に揺れ動いてしまうのが真実ではないかと思います。

黒白や善悪ではなく絶妙なバランスをとったもう一つの視点で検証すれば、そこにはただ「事象が起こった」という事実だけがあることに誰もが気づかれることでしょう。これが神道の物事に対する見方や考え方であり、世界でも特異なマレビト信仰が形成される土壌であったと思われます。

しかしながら、われわれにとっては、どちらかというと、善や福と呼ばれるほうをとり入れる場合がやはり多く、強い好奇心で学んで、かみ砕いて自分たちのものとして変容させる性質が強いようです。

恐怖心があれば排除するところを、たとえば幕末に黒船が来たら、数年で同じような蒸気機関をつくってしまいます。

この適応力の源泉には、縄文時代に端を発するアニミズム的世界観があります。

「災いを転じて福となす」の知恵

縄文文化に端を発する「アニミズム的世界観（＝八百万の神々の世界観）」を有していたからこそ、まったく異質のものを同じ土俵に上がらせて融和させ、「災いを転じて福となす」という知恵と行動をわれわれにもたらせてくれたと考えられます。

仏教を異国のきらびやかな神として、またキリスト教のゴッドを異国の偉大なる神として受け入れたのと同じ感性と感覚で、よほど極端なものでない限り先人たちは融和し自国の文化に摂取してきました。

自分たちの文化を豊かにし、ワクワクとした子どものような柔軟で、純真無垢な好奇心といったものが、縄文の人々の子孫である、われわれ日本人のＤＮＡの根底にはあるのかもしれません。

このようなマレビト信仰にうかがわれる日本人のＤＮＡについて改めて考える際には、1960年代に、文学者の島尾敏雄《しまおとしお》（1917〜1986）によって提唱された「ヤポネシア」論は大いに注目すべき概念ではないでしょうか。

島尾は、戦時中に配属された奄美大島の加計呂麻島《かけろまじま》で、特攻隊指揮官として出撃命令を受け、発進の号令を待っていた2日後に終戦を迎えるという幽明の境を体験した数奇な運命の持ち主です。

このときに出会ったのが、後に妻となられた島尾ミホ（大平ミホ、1919〜2007）で、彼女も『海辺の生と死』の著作で知られる作家でした。

その妻の心の病を癒すために、実家の神戸から奄美大島へと移住した島尾は、奄美大島の文化に深く触れることによって、緊張と硬化で画一化された「固さ」のある日本本土の社会では忘れ去られてしまった多様性のある「柔らかさ（優しさ）」を感得しています。

そしてその根源に、奄美大島を含めた南西諸島を総称していわれる「琉球弧《りゅうきゅうこ》」があり、さらにそれが奄美・沖縄の特殊な地域性ではなく、少なくとも縄文以前の日本列島では全域に及んでいたと考えて、ミクロネシア（パラオ・サイパン・ポナペ）やメラネシア（パプアニューギニア・フィジー・ソロモン諸島）、あるいはポリネシア（ハワイ・トンガ・タヒチ・イースター島・クリスマス島）といった環太平洋に点在する島々が有する民族性や文化の基層と強いつながりがあったとする「ヤポネシア＝ヤポ（日本）＋ネシア（列島）」という概念を提唱したのです。

呉善花は、このヤポネシアが示す日本について、左のように説明しています。

「従来、日本は中国大陸近傍《きんぼう》にあり、その影響を強く受けた島国であるという発想が強かったように思います。しかし、もともと日本は海＝太平洋へ広く開かれた島々の集まりであり、日本文化の基層には南方的な要素が幾重にも積み重なっているのです。このように日本を大陸につらなる島国ではなく、海に開かれた海洋国家、諸島群としての日本＝ヤポネシアとして捉えることで見えてくるものがたくさんあると、私は考えています。（略）

ところで、ヤポネシアにとっての「海の彼方」とは、「あの世」のことでもあります。

そこは海の彼方にある別世界と思われ、この世に豊かな稔りをもたらしてくれる永遠の世と信じられていたのです。中国人や韓国人と違い、日本人にとっての「あの世」は隔絶した天空の世界にではなく、海岸から少し望んだ島や海底、村落の裏山や村境の先にある野といった、生活圏からさほど遠くない身近な世界に思われるのが特徴です。

このように日本文化の基層にあるのは、豊かな恵みをもたらしてくれる自然界への信仰なのです。そして、日本人が気配り上手であり、なるべく相手の立場に立って物事を考えようという穏やかな性格になったのも、豊かな自然に恵まれた南方海洋性アジアの世界を、自分たちの原郷として思慕《しぼ》し続けてきたことから培われたものではないでしょうか。」

（『日本の曖昧力　融合する文化が世界を動かす』より）

最近では、この日本列島をヤポネシア、そこに住んだ人々をヤポネシア人として、ゲノム配列を比較し、その歴史を解明する「ヤポネシアゲノム」研究という興味ある取り組みがなされています。

ちなみに、「ヤポネシアゲノム（領域略称名）」とは、文部科学省科学研究費補助金新学術領域研究「ゲノム配列を核としたヤポネシア人の起源と成立の解明」をはじめとする研究のことです。ヤポネシア人としてどのような集団に起源を持ち、どのような過程を経て成立・発展してきたのか。ここに現代人・古代人・動植物のゲノム解析とを入れることでヤポネシア人ゲノム史の解明を試みる画期的な研究です。

このように、日本文化には外部からの影響を受け入れ、それを自らのものとして昇華する力があります。この力こそ、困難を福に変え、未来へとつなげる「大和心」の原点なのです。

未来を支える大和心の宇宙観

「自然との調和」を重んじる日本の文化は、縄文時代に育まれ、大和の人々の暮らしの中で洗練されてきました。この項では、縄文から神道へと受け継がれた空間認識と、それが私たちの日常にどのように生かされているかを探ります。

「荒海や　佐渡に　横たふ　天の川」

これは松尾芭蕉の名著『奥の細道』収載の句で、新潟県出雲崎で詠まれたといわれています。

「暗く荒れ狂う日本海の向こうは佐渡島が望まれます。空を仰ぐと美しい天の川が佐渡島のほうへと大きく横たわっています」――という意味で、まるで海上と天上とが、佐渡島で融け合うスケールの大きなイメージを誰もが抱かれるのではないでしょうか。

神道の基盤となった縄文の空間意識

ところで神道のコスモロジーの基盤となった縄文の人々の暮らしにおける空間認識（スペースデザイン）について、小林達雄は、次のように説いています。

「ムラ空間は自然の中に地歩を確立し、あからさまに自然に対立し、その存在を主張するに至りました。そして、ムラとムラの周囲に広がる自然との対立の図式は、感覚的な印象に留まらず「ムラ＝ムラのウチ」、および「ムラのソト＝ハラ」を区別する言葉とその概念を生み出す契機となった可能性が極めて高かったと考えられます。このムラ・ハラの概念は、さらにヤマやソラというような言葉と概念を誘発したのではないでしょうか。（略）だからムラの隅々までお見通しの近景として、身も心も馴じむものがあり、ムラの外のハラは中景、彼方の山並みは遠景、そして背景のソラがうち揃って遠近法の構造が成立するのです。（略）視界を遮るヤマも単なる遠景ではなく、しばしば景観を区切りながら異空間との境界となり、ナニモノカの世界への入り口となります。」

（『縄文文化が日本人の未来を拓く』より）

この空間認識（スペースデザイン）論については、異論の挟む余地はないほど、素晴らしく、きわめて完成度の高いものであると思います。

しかしながら、縄文の人々の暮らしの三大支柱に漁労と採集の営みがあることを考慮するならば、「海」の概念とナニモノカの世界へとつながる空間論を小林説の上に導入し、補完して、縄文の人々の暮らしのコスモロジーを説く必要性を感じてなりません。

そこで、近景のムラ・中景のハラの概念はさておき、遠景のヤマ・ソラは海では「オキ・ウミ」に相当すると考えられ、そして両者ともにナニモノカの世界へとつながるのが、「アマ」と呼ばれた空間ではなかったかと推定しています。

柿本人麻呂の歌、

「天《あめ》の海に　雲の波立ち　月の船　星の林に　榜《こ》ぎ隠る見ゆ」（『万葉集』巻七より）

これは、天を海に見立て、宇宙の広がりを詠んだもので、このような空間意識を裏づけています。「海に波が立って船が隠れるように、天に雲が立ち込めて月が星の中を漂い隠れてしまいました」という意味です。

大和の人たちの暮らしは現代に生きている

また、『古今和歌集』にも阿倍仲麻呂《あべのなかまろ》詠《えい》の、

「天の原　振りさけ見れば　春日なる
三笠の山に　出でし月かも」

という歌があります。

「遙かに月が海（天の原に喩《たと》える）から出現したのを望んだとき、私の故郷の春日にある三笠山の上にも同じ月が出ているのでしょうね」という意味ですが、おそらくヤマ・ソラとオキ・ウミの遙か彼方に、「アマ（天・海）」という空間を縄文の人々も、日々の暮らしの中で認識し、暮らしていたのではないでしょうか。

民俗学者の柳田國男も、「わがとこよびと」付記（『柳田國男全集』第三十二巻所収）にて、「天と海、アメとアマの関係から天御中主神、高天原、天照大御神が総て海の信仰に発した海の神であり、その神の国であったのではないか」

と同じような視点に立った意見を提示されているのです。

『万葉集』巻十五には、佐婆《さば》の海で一晩漂流したものの無事に豊前国下毛郡の分間《わくま》港に到着した際の艱難《かんなん》を想って詠じられた歌の中に、

「海原の　沖べに灯《とも》し　漁《いざ》る火は
明してともせ　大和島見む」

とあります。

「大海の沖にともる漁船の火よどうか赤々とともれよ。

その遠くに大和の島々が見えることよ」

と歌っているわけですが、縄文の人々の暮らしのコスモロジーの海の遠景には「オキ・ウミ」があり、中景にはヤマの「ノハラ」に対して「イソ・ハマ」を含んだ「ウナバラ」があったと考えています。

小林達雄は、『縄文の思考』において「(ノ)ハラ」について、次のように述べています。


「ハラは、単なるムラを取り囲む、漠然とした自然環境のひろがり、あるいはムラに居住する縄文人が目にする単なる景観ではない。定住的なムラ生活の日常的な行動圏、生活圏として自ずから限定された空間である。世界各地の自然民族の事例によれば、半径約5～10㎞の面積という見当である。(略)ハラこそは、活動エネルギー源としての食料庫であり、必要とする道具のさまざまな資材庫である。狭く限定されたハラの資源を効果的に使用するために、工夫を凝らし、知恵を働かせながらも関係を深めてゆく。こうして多種多様な食糧資源の開発を推進する「縄文姿勢」を可能として、食料事情を安定に導いた。（略）縄文人による、ハラが内包する自然資源の開発は、生態的な調和を崩すことなく、あくまで共存共栄の趣旨に沿うものであった。（略）多種多用な利用によって、巧まずしてこのことが哲学に昇華して、カミの与えてくれた自然の恵みを有り難く頂戴させていただくという「縄文姿勢方針」の思想的根拠になったとみてよい。」

妥当な見解であって、「ウナバラ（イソ・ハマ）」についても充当してもよい説ではないかと思っています。

海幸彦・山幸彦の神話伝承さながらに、山と海は、川を通じて密接不可分な関係を有しているることは、さまざまな資料から想像することができます。

たとえば、定常的に遡上するサケをはじめ、河川の下流域や海浜で採取される貝類や海藻類、また磯辺に潜《ひそ》むマスやボラなど、縄文の人々が口にして愛してやまなかった海の恵みに与《あずか》るための「漁労の営み」を抜きにして、縄文の人々の暮らしは決して成立しなかったでしょう。

「祈年祭祝詞」（『祝詞式』）には、野や海の「ハラ（原）」からもたらされる自然の恵み（＝神饌《しんせん》）が列挙されています。

「大野の原に生《お》ふる物は、甘菜《あまな》・辛菜《からな》、
青海《あをみ》の原に住む物は、鰭《はた》の広物《ひろもの》・鰭の狭物《さもの》、
奥《おき》つ藻菜《もは》・辺《へ》つ藻菜に至るまでに」

これがおそらく、縄文の人々の食の暮らしぶりまでさかのぼるだろうことは、縄文カレンダー（P67）からも容易に推察されます。
また、『万葉集』巻一には、第34代・舒明《じょめい》天皇が国見をなされた際に詠《えい》じられた次の御製が掲載されています。

「大和には　群山《むらやま》あれと　とりよろふ
天の香具山　登り立ち

国見《くにみ》をすれば　国原《くにはら》は
煙立ち立つ　海原《うなはら》は　鴎《かもめ》立ち立つ
うまし国ぞ　蜻蛉島《あきづしま》　大和の国は」
（大和には多くの山があるけれども、とりわけ立派な天の香具山の頂上に登って大和の国を見渡せば、国原からはご飯を炊く煙がたくさん立ち上っているよ、海原からは（魚が豊富に捕れるので）鴎がたくさん飛び交っているよ、ほんとうに豊饒《ほうじょう》で美しい国である、蜻蛉島の大和の国は）

したがって、縄文の人々の暮らしにおけるコスモロジーを、次ページの図のように想定したいと思います。

そして、この縄文の暮らしのコスモロジーをベースとして、弥生の稲作文化が付加され古墳時代を経て、神道的な暮らしのコスモロジーへと進化、つまり「縄文＋弥生＋古墳＋神道のコスモロジー」が、やがて「大和」の人々の暮らしのコスモロジーへと昇華したものと見られますがいかがでしょうか。

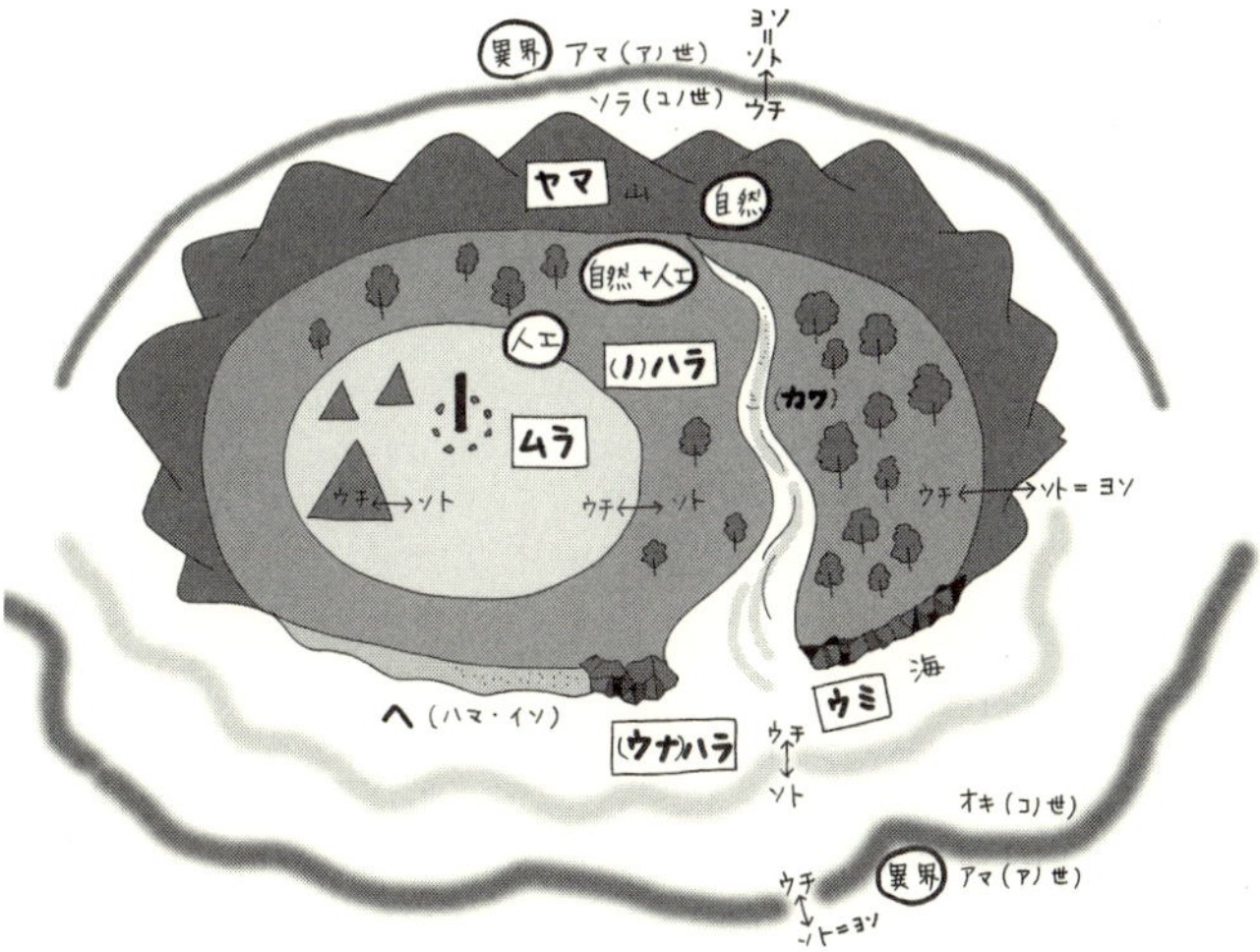

縄文人の空間概念図（ムラ・ハラ・ヤマ・ソラ・ウミ・アマ）

（『神道の源流「縄文」からのメッセージ』より）

以上のようなコスモロジーを有した大和の人々の暮らしぶりを、現代に生きるわれわれは、もう一度想起する必要に迫られているのではないかと感じています。

そして、それを、これからの暮らしの叡智として、ぜひとも役立てていかなければならないと思っています。

奇しくもラフカディオ・ハーン（小泉八雲、1850

〜1904）は、明治27年（1894）1月27日に第五高等学校（現熊本大学）で行った「極東の将来（The future of the far east)」で、次のような素晴らしい予見をしています。

「西洋と東洋が将来競争において確かなことは、最も忍耐強く、最も経済的で、生活習慣の最も単純な者が勝ち残るだろうということである。コストの高い民族は、結果的にことごとく消滅することになるだろう。自然は偉大な経済家である。自然は過ちを犯さない。生き残る最適者は自然と最高に共存できて、わずかなものに満足できる者である。宇宙の法則とはこのようなものである。」

縄文から神道、そして現代へと受け継がれたコスモロジーは、私たちが自然とともに歩むためのヒントを与えてくれます。この叡智を生かし、未来の暮らしを築いていくことが、いま求められているのではないでしょうか。

時空を結ぶ——動く神と日本の精神

日本人には万物に霊魂の存在を認める（＝神が宿っている）感性（アイデンティティー）があることはこれまでも説明してきました。

この感性（アイデンティティー）はまた、西洋的宗教の信仰対象である「唯一絶対神」のご性質と神道の信仰対象である「日本の神々」のご性質についても、ある決定的な相違をもたらしているとも考えられます。

移動する神

つまり、「唯一絶対神」は、人の世界の遙か彼方の天上におられて、決して、そこから動かれないご性質をお持ちになられるのに対して、われわれの身近に存在する「日本の神々」は祭りのときに「神籬《ひもろぎ》」や「磐座《いわくら》」をはじめ、ご神体やご神座などにご招来なされたり、あるいはご送行なされたり、お神輿《みこし》や山車《だし》などで、人の世界（現し世）で明らかに動かれるご性質を有しておられる、という大きな相違が認められるのです。

おそらく「神が動かれる」ということを即座に理解し、納得いただけるのは、世界的に見ても、いまだアニミズム的信仰を有している方々をはじめ、多神教を奉じられている方々や、これらの信仰形態を認知されているごく一部の方々に限られるのではないかと思われます……。

「神が動かれる」という概念を基に、日本の神祭りと先祖の御霊《みたま》祭りを研究したのが、民俗学の創始者・柳田國男（1875〜1962）です。彼はこれを通じて、神道の基層部分にあたる信仰形態を明らかにしました。

柳田が著した『先祖の話』（昭和20年・1945成立）は、その民俗学の到達点を示す重要な書であり、いまでも傾聴するに値する論理的な思考説明が随所に施されています。

この書での柳田の主張を私なりに解釈して説明を加えると、日本の神は一年に一度、春になると天から山へ、さらに山から里へと降りて来られます。

このとき人々は、居住地域にある里宮から、お神輿を仕立てて、生命の源ともいうべき水源地のある山の麓に存する山宮へと、神をお迎えに行き、神迎えの祭りを営んで神をお神輿にお乗せして、里宮へとお遷《うつ》しして春祭りが行われます。

これに合わせて稲づくりが開始され、夏を経て豊かな実りの秋を迎えると、たわわに稔った稲が収穫されます。

この春から秋まで、神は里に留まられて、人々の稲作を見守られます。

そして秋祭りにおいて、新穀で調えられたご飯やお酒を人々とともに召し上がられると、里宮にて神をお神輿にお乗せし山宮へとお遷しして神送りの祭りが営まれます。

そうすると、神は山の麓から山頂へ、山頂から天へと昇っていかれます。冬には神は山籠もり（天も含む）をなされて霊力を高められます。

古代日本と中国の死生観

この「神が動かれる」ことは次の年も、また次々年も繰り返し行われるというのが、柳田が説いた神道の基層部分にあたる「神は循環される」という信仰ではなかったか、と思われます。その上で、この神の循環に重ね合わせるように類似し随従するかのごとく、われわれの先祖の御霊も、正月と盆に故郷の家と近くの秀麗な山とを往来すると、柳田は考えていたのではないでしょうか。

古代中国の『三国志』で有名な魏の国の英雄、曹操《そうそう》（155～220）の墓が発見され、2019年には東京国立博物館で「三国志展」が開催され、好評を博しました。

この曹操の墓に限らず、秦の「始皇帝陵」および「兵馬俑坑《へいばようこう》」をはじめ、歴代の王墓などでは、死者は必ず地下にある棺の中に埋葬されており、それを見失わないために、地上に墳丘が築かれています。

つまり古代中国では、死者の霊魂は、地下の世界へと赴いて留まる、と見られていたのです。これに対して「仁徳天皇陵（大仙古墳とも）」をはじめ、古代日本の王墓や有力な豪族の墓などでは、これらの墓を代表するのは古墳時代の前方後円墳ですが、その円墳の小高い丘の頂上付近にある棺の中によく死者は埋葬されています。

すなわち古代日本では、死者の霊魂は、どうやら円墳の小高い頂上から天（異界）へと昇っていくものと考えられていた、と考古学の知見では推定されています。

この小高い丘陵を、人々の暮らしの身近にそびえる秀麗な山に換えて捉えますと、柳田が指摘する「死者の霊魂」は山の頂きから空に向かって天（異界）へと昇っていくという説に同一性を見出すことは可能であり、このことは古墳時代（3〜5世紀頃）には、すでに、われわれ日本人の感性（アイデンティティー）には備わっていたこととなるでしょう。

神の循環——自然と人、そして季節

それから、日本のアニメーション監督である新海誠の代表作『天気の子』は2019年夏に上映され、前作の『君の名は』を超えて大ヒットとなりました。

当該作品では、主人公の「穂高《ほたか》」と呼ばれる少年は、天気を晴れにする能力のある「晴れ女」と称される少女の「陽菜《ひな》」が、その能力を使いすぎて異界（＝あの世）へと旅立つことになってしまい、その消息を追って東京新宿の廃ビルの屋上にある祠《ほこら》から「空の彼岸」と名づけられた異界へと向かい、無事救出することに成功して元の世界へと帰ってくるという感動のハイライトシーンが描かれています。

この廃ビルの屋上に「祠」があるのはいかにも象徴的ですが、そこから空に向かって異界へと続く通り道が設定されています。

新宿にはご存じの通り、身近に山は存在しませんので、この廃ビルの屋上を、柳田がいう「人々の暮らしの身近で仰ぎ見る秀麗な山の頂き」に置き換えますと、まさしく神も先祖の御霊も、山の頂きから空へ向かって伸びる天（異界）への通り道を使って、あの世とこの世を往来するとされたのと同じ発想が、偶然にも『天気の子』のハイライトシーンには認められます。本作品では、その異界観が取り扱われ、幻想的に美しく描き出されたのではないかと思われるのです。

ちなみに全国神社において、一概にはいえないものの、春祭り（＝祈年祭）が盛大に行われる神社の祭りには、神迎えの要素が含まれた豊穣「予祝《よしゅく》」を祈る傾向にあり、秋祭り（＝新嘗祭）が盛大に行われる神社の祭りには、神送りの要素が含まれた豊穣「感謝」を祈る傾向にあって、この二つの系統にほぼ分けることができるといわれています。

ところで、神道の死生観については、他宗教に多く見られる死後の世界を天国と地獄の二元論に求めることはありませんが、いまだ明確にされた理論や定義、または霊魂観や他界観など詳細な規定が存在するには至っていないといえるかもしれません……。

全国神社で執り行われる「神葬祭《しんそうさい》」では、人が生きている間は「顕《うつ》し世」に存在し、死を迎えますと、この世とは違う、あの世の「幽《かく》り世」へとその霊魂は旅立ち留まって、子孫を守護するというのが一般的な解釈であり信仰といえるのではないでしょうか。

この「顕幽観《けんゆうかん》」の解釈と信仰については、ただ漠然とした捉え方をしているといえるかもしれませんが、むしろかえってシンプルであるので、激しい論争の種となることなく穏当な正論となっていることは間違いないでしょう。

この正論を補完したり、理解するための一助にもつながると思慮されるのが、柳田が『先祖の話』で考察した、神道の他界観である「顕し世」と「幽り世」の関係、それを往来する人の霊魂観について、また来世観と「生まれ変わり論」など、昔の日本人がごく一般的に思い描いていたとされる論説です。

柳田の指摘の核心とするところは、

「日本人の他界観と霊魂観とは、死後の世界を近く親しく感じ、死んでもその霊魂はこの国に留まりはるか遠くへは行かずに、子孫を守護する存在になる、と思い定めており、また顕し世（生者）と幽り世（死者の霊魂）の交信は可能で容易であったとし、そして生者の最期の一念は死後に必ず達成されると疑わず、人は人として生まれ替わる（最初は同一の氏族や血筋の末）と信じるものであった」

ということではなかったでしょうか。

この核心とするところはすべて正しいように思われ、これを是認するならば、

「人の霊魂は生死という顕し世と幽り世を繰り返し循環する」

ということとなりますが、いかがでしょうか……。

自然が教える循環の理――大和心の原点

稲をはじめとした農作物の多くは、春に芽を出し夏に大きく成長し、秋には花を咲かせて実を結び、やがてその種子は大地へと還っていきます。この生育のプロセスは次の年も、また次々年も繰り返し継続していきます。移ろいゆく自然は四季とともに、人の五感で感じる形を以て、生命の「循環」を繰り返しているのです。

循環するエネルギーと霊魂の旅路

また、神も四季の春秋に合わせて、山と里とを「循環」します。

神道の春の生活空間

（『神道ことはじめ』表紙イラストより）

縄文の秋の生活空間図

（『神道の源流「縄文」からのメッセージ』表紙イラストより）

そして自然の一部である人の霊魂もまた、「生死」という「顕し世」と「幽り世」を繰り返し「循環」するのです。

この自然・神・人が渾然一体となって、円環状に、永遠と「循環」する、というコスモロジーは、縄文以来培われてきた日本人の感性（アイデンティティー）に宿っているといえるのではないでしょうか。

われわれの祖先たちは、きっとその「循環するエネルギー」に、神々の「産霊《むすび》の力」を見出し、五感で感じながら営々と暮らしを営んできたに違いないと思います。

ところで、いつの時代も私たちは、「今」この瞬間を理想として精一杯生きること。これが神道における「今」の観念であり、「中今」とか「神代今に在り」とか呼ばれています。

神道の時空観をお伝えするにあたり、まずはギリシャ神話の「クロノス」と「カイロス」という兄弟神の二つの時空に対する捉え方の違いをお話しさせていただきます。

クロノス的な時空観とは、一般的に時間も空間も過去から未来へと、人の意識とは関係なく直線的に一方的に進み、二度と戻ってくることのない時間と空間という捉え方をしています。一方、カイロス的な時空観とは、過去・現在・未来という時間と空間のすべてが現在のわずか「一瞬の今」へと集約され、その今は同時に過去・現在・未来のすべての時間と空間を包括するという「切り取られた瞬間に永遠なる時間と空間」を見出すことができるという捉え方をしています。

神道における時空観の捉え方は、クロノス的な時空観である「時間と空間は過去から未来へと流れ消え去っていく」といった直線的な思考性のものではありません。

どちらかというと、神道においてはカイロス的な時空観の捉え方をします。

つまり過去・現在・未来は、一続きの円環状にあって、永遠に循環し続けていくとします。そしてその円環状における現在の「今」この瞬間の一点には、過去も未来もすべて包《ほう》含《がん》されるとしています。

たとえば、今ここに自分の存在があるのは、過去における父や母はもちろんのこと、祖父母をはじめ、遠い祖先たちからの脈々と受け継がれてきた生命があるからです。

また、自分の生命はやがて子や孫といった未来の子孫たちへの存在へとつながっていくことでしょう。

われわれが「今」直面している重大事の意思決定には、必ずこのような過去の祖先たちの存在や営みと未来の子孫たちの存在や幸せに思いを馳せて行う必要性があるのではないでしょうか。

このような形で意思決定を行う際には、現在の「今」に過去も未来も含まれていると考えてもいいのではないかと思っています。

神道では、過去・現在・未来は一続きの円環状になっていると考え、現在を最も大切な瞬間、神代を甦らせる〝今〟と捉えます。

これが「神代今に在り」とか「中今」という時空観の意味するところです。

この時空観は、優れて日本古来の時空の捉え方であって、あるいは「大和心の自然観やコスモロジー」と言い換えても差し支えないと思っています。

海や川、野や山、はたまた木や草、岩や石、そして人間も鳥獣も分け隔てなく考えます。

それらの奥には必ず神々が坐すのです。

文芸評論家で日本浪漫派の中心人物であった保田與重郎《やすだよじゅうろう》（1910〜1981）が「自

然」と書いて「かむながら」と読んだことに象徴されるように（ちなみに保田の自然観は単なる景観のことではなく神々の「産霊《むすび》＝物や事を生成する強い力」の働きそのものであると見ています）、それらは皆一つのつながりの中にあり時間も空間も同じ循環の中にあるのです。

未来に受け継いでいく「大和心」

日本人の精神文化の基盤である「大和心」は、自然との共感共鳴と調和の中で育まれた思想哲学です。その源流は、縄文文化における没自然との関係性にさかのぼることができます。

俳聖・芭蕉は貞享四年（1687）10月から同五年（1688）4月にかけての短編紀行文・『笈《おひ》の小文《こぶみ》』（宝永六年（1709）刊行）「序文」において、その核心に迫って、移ろいゆく自然の四季の循環を支える絶えざる力（原動力）に「造化（の妙）」、すなわち「産霊《むすび》」の力を見出して、それを次のように見事に表現しています。

「西行の和歌における、宗祇の連歌における、雪舟の絵における、利休の茶における、其貫道する物は一なり。しかも風雅におけるもの、造化にしたがひて四時を友とす。見る処花にあらずといふ事なし。おもふ所月にあらずといふ事なし。像花にあらざる時は夷狄にひとし。心花にあらざる時は鳥獣に類ス。夷狄を出、鳥獣を離れて、造化にしたがひ、造化にかへれとなり。」（傍線筆者付す）

（西行の和歌でも、宗祇の連歌でも、雪舟の絵でも、利休の茶でも、それらを貫くものは一つである。しかも風雅の道を志す者は、造化（天地自然の営み＝産霊《むすび》に従って、四季を友とする。見るところはみな花となり、思うところはみな月となる。心に花がないなら鳥獣のたぐいと同じである。野蛮を脱して、鳥獣とも区別して、造化に従い、造化に還《かえ》れという。）

縄文時代の人々は、自然界を単なる資源として利用するだけでなく、そこに宿る生きとし生けるものをはじめ精霊たちを尊重し交流を重ね、日々の暮らしの中でそれらと共感共鳴を果たしていました。小林達雄は『縄文の思考』で次のように述べています。

「森には森の精霊がいる。縄文人がハラと共存共生するというのは、ハラにいるさまざまな動物、虫、草木を利用するという現実的な関係にとどまるのではなく、それらと一体あるいはそこに宿るさまざまな精霊との交感を意味するのである。それはどちらかが主で、どちらかが従というのではなく、相互に認め合う関係である。だから礼を尽くし、ときには許しを乞うのだ。「草木皆もの言う」自然を人格化し、交渉を重ねることで、神ながらの道へと踏み込むのである。

自然の人格化は、「自然を人間と対等にすることではない。自然の人格的存在は、人間以上の人格としてみなされる」（今村仁司『交易する人間』）。人間よりも大きい、超人間的な人格なのである。獲物を贈与してくれたり、土器や石器や木の道具を授けてくれるばかりでなく、いわば人間の生命的存在さえ与えてくれる事実に思い至るとき、神々を意識するのである。だから「すこし木貰っていいかあ」と許可を得なくてはならないのだ。軽い会釈では済ませない。神からハラの中で生存を保障されるという「負い目感情にみあう返しの行為」は、同じ価値をもつ物を返す程度で収まるものではなく、感謝の念をこめて、他にかけがえのない最上等のものでなければならない。それは「自らの生命をなくすことである。しかしこの世のなかで生き続ける限りは、自分に死を与えることは不可能であるから、代理の生命」を差し出すことになる。それが供犠である。」

この哲学思想は、自然界のあらゆる存在を神聖なものと見なし、礼を尽くして感謝を捧げ、供犠を通じてその恩恵に報いる態度を生みました。

このような「没自然の暮らし」は、一万年以上にわたって継承され、日本的な精神文化の基盤を形成したことに間違いはないでしょう。

江戸時代の農政家兼経済思想家・二宮金次郎は、永遠に繰り返される自然の働きの中に「産霊《むすび》」の力を見出し、その法則を次の道歌で表現しています。

「音もなく　香（または臭）もなく常に　天地は
書かざる経を　繰り返しつゝ」

（音もなく香りもないが、天地自然は、文字で記されていない経典（→法則）を、絶え間なく繰り返し奏で続けているのです）

自然の大いなる営みそのものが、あらゆる生命を育む法則であり、神々の力の顕現であるという彼の洞察は、「大和心」の核心に迫っています。

「大和心」とは、自然と調和し、循環の中に生きる知恵です。

これは、単に過去の思想哲学として学ぶべきものではなく、未来へと受け継いでいくべき素晴らしい価値観であり日々の暮らしの大切な指針でもあります。現代社会においても、自然とのつながりを意識し、その力を生活に取り入れることが、きっと豊かな心と調和の取れた暮らしを実現する鍵となるでしょう。

私たちの祖先たちが築いてきた「大和心」を振り返り、その価値を再認識することは、未来をよりよく生きるための道標となるに違いありません。自然とともに生きる喜びを見つけ、次の世代へとこの知恵を伝えていきましょう。

縄文の意識を呼び覚まし、新しい時代を生きる

これからの未来を見据えたとき、私たちは、どのように自然と共生し、真の豊かさを築いていけるでしょうか。

その答えは、遠い縄文時代に息づいていた意識にあるのかもしれません。

「縄文意識」とは、己《おの》が生業や役割に全力で勤しみ、無我や没自然の境地となって真の自己を解き放ち、あるがままの姿で自由に生き切っていく意識＝０意識（私＝０＝∞）。ただし、コトの成就や調和は神や仏、自然や宇宙にすべて委ねる。

今この瞬間に、過去も未来も存在している

縄文時代の人々が見つめた世界観には、今を生きる私たちが学ぶべきヒントが多く隠されています。その一つが、「この瞬間にすべてが存在する」という感覚です。

縄文の人々の暮らしを象徴する形象というのは「円」であったと思われます。

たとえば集落（ムラ）の中央にはお墓や環状列石が設けられ、そのまわりには祭りや集会に使用される広場があり、それを取り囲むように人々の暮らしを維持するのに必要不可欠な食料や資材を貯蔵収納するための高床式倉庫や埋穴《うめあな》があります。

さらに、それらの周囲を個々人が暮らしを営む竪穴住居を建て並べて、「同心円状」のデザイン配置が施されています。

そして、その住居の地面床は、中央またはやや奥に設けられた囲炉裏を中心に、ほぼ「円形」となっており、その出入口についても、集落中央のお墓や環状列石のある方向へと集中して向けられています。

また、縄文の人々は、人をはじめ動物や植物・鉱物までも、すべて対等であるという「円の思想」を有しており、人も自然の一部であるとして死は単なる生の終わりではなく、再生への通過点であるとする「円環状の死生観」も持っていたことは、亡くなった幼児を壺に入れて竪穴住居の出入口付近に埋葬していた、たくさんの発掘事例からも類推されています。

このような円や同心円・円環状というのは、万物が渾然一体となって「永遠と循環するというコスモロジー」を表象しているとも捉えられるのではないでしょうか。

そして、おそらく縄文の人々が抱いていた時空間というのは、過去・現在・未来は、一続きの円環状にあって、現在の「今」この瞬間の一点に、過去も未来もすべて包含されると考えていたことでしょう。

いわゆる神道でいう「中今」とか「神代今に在り」と呼称される時空間に相当します。

この時空間での感覚というのは、たとえば、私たちが大好きな人と一生懸命に歓談したり、あるいは面白くて楽しくて仕方のないことに一心不乱に専念したり、無我夢中になって没頭していると、アッという間に時間が経過して、「時が過ぎるのを忘れていた」という経験をなされたことが誰でもあるのではないでしょうか？

また、スポーツ競技や武道などで絶好調のときに、人の動きや物がまるで止まったり映画のコマ送りのように見えたり、感じたりされたことが、一度や二度はあるのではないでしょうか。ちょうど、このような実体験における状態に陥ったときに訪れる感覚のことです。

この感覚に基づいた時空間で「時を刻む時間」を、「縄文時間」と私は勝手に呼称しています。

縄文時代の人々の平均寿命は、約30歳ぐらいであるといわれていますが、現代を生きる私たちからすれば、大変短い一生のように感じます。

しかし、クロノス的な時間感覚で一生を過ごすのに慣れ親しんだ私たちの時間感覚と違って、カイロス的な時間感覚で暮らした縄文の人々にとっては、おそらく同じ1時間でも非常に濃密な時間を過ごしたのではないかと考えています。その1時間の感覚は私たちのちょうど3〜4時間ぐらいに相当したのではないか、と推測しているのです。

したがって、同じ30歳といっても「縄文時間」を日々過ごした人々にとっては、現代社会における80歳ぐらいの長老の風格や雰囲気を醸し出した、老人ではなかったか！と想像をたくましくしていますが、いかがでしょうか？

それから、縄文意識の時間帯では、自己の能力を超える力や技などが、自ずから発揮されて、自己制御されていた意識が解放され、あるがままの姿で自由に生き切っている感覚や、自分であって自分でないものの、意識は完全なまでに目覚めているという状態、あるいは自然と身体が動いて、まわりの空間と完璧なまでに調和して、自動的にコトが運ばれている想いがするなどの不可思議な感覚が訪れているのではないかと思います。

先に日本の神々のすべての存在には、それぞれ生来より長所と役割とがあることをお伝えしましたが、縄文意識の時間帯に突入されるには、このような神々の特性にならわれて、己が自身の生業や役割に全身全霊で邁進されることによって、ぜひとも突入されることをお勧めしたいと思っています。

自己と他者とを生かす多様性の知恵

現代社会では、しばしば自己と他者を比較し、違いを否定し合うような場面が目立ちます。しかし、縄文意識が私たちに教えてくれるのは、違いを認めることが叡智であるという真理です。

縄文意識は、またゼロ意識とも換言されますが、それは「割っても割っても、割り切れない」という意識でもあり、唯一対立や比較、そして争いが生じない、最も平らかで穏やかな意識であるといえるでしょう。

これまでの時代は二元論が主流を占めていた時代で、すぐに「正しいor正しくない」「幸せor不幸せ」「良いor悪い」など、なんでも割り切れることを基本としてすべての物事は判断され行動されてきました。

また、二つに分かれたものを強制的に合一したり、統一されてきたようにも思われるのです。

この二元論を超える方法としては、たとえばプラスとマイナスのそれぞれが、それぞれあってもいいという見方であり、無理やりに合一や統一をしなくてもよく、そのまま「ありのまま」でいい、という多様性を認めるのがゼロ意識を有することではないかと考えています。

神道では、「自己と他者とは違うことを知ることが知恵であり、その違いを認め合うことは叡智である」とさえしています。

「面白い」や「楽しい」という世界観は、相手を裁くことなく、そのまま、ありのままを受け入れることができるようになるでしょう。

相手が変わることを願っていては、いつまで経っても相手はまったく変わってくれないと思います。

相手が変わることがあるとすれば、自分自身がただただ「面白い」や「楽しい」「心地よい」という状態に入ったときだけなのかもしれません。

そして、このような状態をできる限り維持されることで、人生を少しでも送ることができたら、物質的な何かを手に入れなくても真なる豊かさや幸せを手に入れることになろうかと思います。

以上が日常的かつ一般的なゼロ意識へのアクセス法ですが、もちろん神道における自動の禊祓えやSITHホ・オポノポノのクリーニングによって、この意識へとアクセスすることは充分可能であり他にもさまざまなアクセス法があることと思います。

芸術家の岡本太郎の場合は、対極となるマイナス面に己自身の全身全霊を以て徹底的に賭けることで「瞬間」的に「爆発」を生み出して「宇宙＝無＝透明なる混沌」に合一することができる、というのが彼の人生や生き方、そして芸術論の核心とするところでした。彼の提唱した「対極・瞬間・爆発」をメソッドとして「宇宙＝無＝透明なる混沌」へと至る思想哲学は、まさしく「ゼロ意識」や「縄文意識」へと至る、優れて素晴らしいものではなかったかと思っています。

そして、この意識下より、私たちに強力に働きかけてやまない、まるで呪力を帯びた数々の優れた芸術作品が生み出されるとしたのです。

これからを、あるがまま生き抜く覚悟

私たちが未来を見据えるとき、自然との共感共鳴、そしてあるがままの自分で生きる力が、より一層重要になってきます。

それを教えてくれるのが、縄文が遺した精神です。

縄文文化に日本人の力強い生命力とアイデンティティーを見出した岡本太郎は、1970年に開催された大阪万博でテーマプロデューサーを務め、象徴的なモニュメント「太陽の塔」を製作しました。

大阪万博は世界77カ国が参加し、6421万8770人が訪れるという、万博史上でも記録的な成功を収めました。その規模は、主催者予算891億円、関連公共事業費6500億円、会期中消費総額3300億円、生産誘発額1兆5000億円に達し、そのスケールの大きさは驚嘆に値します。

そもそも万国博覧会は1851年のロンドン万博以来一貫して、技術の進歩が人々の幸福をもたらすという価値観のもと、国家の威信や産業の振興を支える一大イベントとして機能してきました。

大阪万博も「人類の進歩と調和」をテーマに開催されましたが、太郎は先進国の科学技術の礼賛を手放しには喜ばず、むしろ人間そのものの尊厳と生命の神秘を謳い上げる必要性を感じ、「太陽の塔」を設計したのです。

太郎は「太陽の塔」に込めた想いを、次のように述べています。

「縄文土器の凄さを見ろ。ラスコーの壁画だって、ツタンカーメンだって、いまの人間にあんなもの作れるか。〝調和〟と言うが、みんなが少しずつ自分を殺して、頭を下げあって、こっちも六分、相手も六分どおり。それで馴れあってる調和なんて卑しい。ガンガンとフェアーに相手とぶつかりあって、闘って、そこに生まれるのが本当の調和なんだ。まず闘わなければ調和は生まれない。

だから《太陽の塔》なんだ。EXPO70＝進歩と調和だという訳で、テクノロジーを駆使し、ピカピカチャカチャカ、モダニズムが会場にあふれることは目に見えている。それに対して、ガツーンとまったく反対のもの、太古の昔から、どんとそこに生えていたんじゃないかと思われるような、そして周囲とまったく調和しない、そういうものを突きつける必要があったんだ。」

（岡本敏子『岡本太郎に乾杯』より）

太郎が「進歩と調和」というテーマに反抗し、縄文文化のエネルギーを象徴するモニュメントを建てたのは、現代人が見失いつつある根源的な生命力を再認識させるためでした。

大阪万博開催より約40年前の1929年、18歳でパリに渡った太郎は、心底から共鳴し志望する芸術がわからず、数年間絶望の淵にいましたが、パブロ・ルイス・ピカソの抽象芸術との出会いが彼を救ったといいます。それに感銘し、魅了された太郎は、ピカソを乗り越えることを終生の目標に掲げ、己が芸術活動に邁進しました。

1937年に開催されたパリ万博を観覧した太郎は、当博覧会を第二次世界大戦前において「パリ芸術界が咲かせた最後の華麗な花」と評し、同博スペイン館出品のピカソ描画の〝ゲルニカ〟を「近代美術史に輝く一頂点である」と大絶賛しました。それから約30年の歳月が流れ、それらに呼応するかのように大阪万博は開かれ、当博のシンボル的存在として太郎芸術の金字塔〝太陽の塔〟は建てられました。

ところで、この塔の観覧の導線については、地上のメインゲートから入って〈現在〉の人の存在を讃える「調和の広場」において、先ず中央に「太陽の塔」を、右に「青春の塔」を、左に「母の塔」を仰ぎ見ます。

次に、地下へと降りて行き、太古の生命の発生に始まる人と自然の戦いや暮らしの道具、神々への祈りなどの〈過去〉の「根源の世界」を観覧します。

その後、再び地上へと戻り、約30メートルもある「生命の樹」をエスカレーターを使って螺旋状に昇りながら、単細胞からホモ・サピエンスまでの地球47億年の「生命の進化」を見学し体感します。

そして、建築家・丹下健三《たんげけんぞう》（1913〜2005）設計の「透明の大屋根」の内部へと進んで〈未来〉の「空中都市」を観覧し終わりますと、一気に地上へと還ってくるというコースでありました。

つまり、観覧者はタイムトラベラーのようになって、地上〈現在〉・地下〈過去〉・空中〈未来〉の「3分割された時空間」をめぐるという導線が敷かれていたのです。これは〈現在〉を起点とし〈過去〉も〈未来〉もすべて〈現在〉に帰着・集約されるという、カイロス的な時空間、すなわち「縄文時間」が表出され体感できるようになっていたことをうかがわせます。このような導線からしても太陽の塔は「縄文意識」を意図した太郎の志向性が反映されているのです。

その製作に賭けた想いを太郎はこう語っています。

「『太陽の塔』はそのシンボルである。根源によびかけ、生命の神秘をふきあげる、神像のようなつもり、それを会場の中心に、どっしりと根をはってすえつける。おおらかな凄みで、すべての人の存在感をうちひらき、人間の誇りを爆発させる司祭として。」

（岡本太郎「祭り」『世界の仮面と神像』より）

「太陽の塔」の存在は、芸術主義（＝表現至上主義）に基づき製作された『ゲルニカ』とは違い、混迷を極める現代社会を生きるわれわれに、日本人として誇りある生き方と、その指針を与える、遠いわが祖先たちが有した縄文意識の覚醒を促す、太郎の強力な呪力が込められた、まさしく20世紀の〝縄文意識覚醒の神像〟と呼ぶのに相応しい存在であったのではないでしょうか。

また、彼の絵画における最高傑作は「第2の太陽の塔」ともいわれた1969年にメキシコで完成された壁画『明日の神話』（原題「広島・長崎」）であることは、誰もが認めるところでしょう。『明日の神話』は猛烈な破壊力を持つ凶悪な原爆が炸裂する瞬間に、それに拮抗《きっこう》する激しさと力強さで全身全霊を懸けて立ち向かう人（＝骸骨で描画＝太郎自身）が有する雄々しさと誇りとをテーマに描かれています。

この作品は縦が5・5m、横が33mにも及ぶ迫力ある壁画で、「太陽の塔」と同じく縄文の人々が好んで多用した数字の「3」にちなんでか、右（向かって左）画面・中央画面・左（向かって右）画面の「3分割法」によって描かれています。

すなわち、右画面では被爆して逃げ惑う魚や生き物たちと死の灰を浴びながらも漁に勤しむ第五福竜丸という悲劇的な〈過去〉の出来事が描画されています。

中央画面では被爆しながら燃え上がる骸骨姿の人を中央に据え、その背景の両脇下には炎を吹き上げて気化していく亡者の行列と左上部には原爆から生じた禍々《まがまが》しいキノコ雲の発生が配されており、今この瞬間〈現在〉に人の雄々しさと誇りとを賭けて原爆の壮絶さに立ち向かう勇姿（レリーフで強調）が描かれています。

左（向かって右）画面ではその中央右側にキリストを意味するエンブレムであるともいわれる赤い魚と、左側には太郎と父一平・母かの子を彷彿とさせる仲睦《なかむつ》まじい3人の天使たちが楽園のような空間に浮遊するのが描写されています。

その背景には無邪気な顔のキノコ雲と神の救いの手のような形をした黒白の2つの雲が描かれており、中央画面の骸骨姿の人が昇天した〈未来〉を暗示し表現しているかのようです。

一枚の絵画だからこそ、右画面の〈過去〉も左画面の〈未来〉も中央画面〈現在〉に位置する縄文意識を有する骸骨姿の人の「今この瞬間」にすべてが集約される形で表現できたと見られます。岡本敏子も後年「『明日の神話』に寄せて」の中で、どんな凄惨な状況に陥ろうとも、その運命〈被爆〉に対して人としての誇りをもって立ち向かっていく気概〈身が朽ちていくのを骸骨で表す〉の高貴さと、その一瞬の輝きの途方もない美しさを見事に絵画で表現し得たことを、次のごとく述懐しています。

「だがこれはいわゆる原爆図のように、ただ惨めな、酷い、被害者の絵ではない。燃えあがる骸骨の、何という美しさ、高貴さ。巨大画面を圧してひろがる炎の舞の、優美とさえ言いたくなる鮮烈な赤。

にょきにょき増殖してゆくきのこ雲も、末端の方は生まれたばかりの赤ちゃんだから、無邪気な顔で、びっくりしたように下界を見つめている。

外に向かって激しく放射する構図。強烈な原色。画面全体が哄笑している。悲劇に負けていない。(略)その瞬間は、死と、破壊と、不毛だけをまき散らしたのではない。残酷な悲劇を内包しながら、その瞬間、誇らかに『明日の神話』が生まれるのだ。

岡本太郎はそう信じた。この絵は彼の痛切なメッセージだ。絵でなければ表現できない、伝えられない、純一・透明な叫びだ。

この純粋さ。リリカルと言いたいほど切々と激しい。

二十一世紀は行方の見えない不安定な時代だ。テロ、報復、果てしない殺戮、核拡散、ウィルスは不気味にひろがり、地球は回復不能な破滅の道につき進んでいるように見える。

こういう時代に、この絵が発するメッセージは強く、鋭い。

負けないぞ。絵全体が高らかに哄笑し、誇り高く炸裂している。」

ここに「対極・瞬間・爆発」をメソッドとして「宇宙＝無＝透明なる混沌」へと至るという太郎哲学の真骨頂がうかがわれるとともに、『明日の神話』にも「太陽の塔」と同じくわれわれに縄文意識の覚醒を促す大いなる作用が秘められていると思われるのです。

現代社会を生き抜く上で、縄文意識に基づいた自然体での生き方は、多くの軋轢や課題をもたらすかもしれません。従来の社会的な常識や組織内の慣習に反発する場面や、さまざまな誤解も生じるでしょう。しかし、恐れることなく、自ら信じた道を一歩ずつ着実に進んでいく覚悟が重要です。

縄文意識を受け継ぎながら未来を築くことは、私たち自身の内なる強さと自由を呼び覚ます大きな第一歩です。

その力をもって、自然体で誇り高く、新しい時代を生き抜いていきましょう。

おわりに

神さまに導かれ、自然と調和する未来へ

風の時代を生きる——円環型社会の到来

ここ数百年の間に、地球規模に広がった資本主義をベースとする物質文明はいま、著しい気候変動や拡大し続ける経済的格差の問題に直面しています。

これまでも、数多《あまた》の文明や文化が繁栄と衰退を繰り返してきました。

平成の御代から令和の御代へと、時代は大きく移り変わり、いままでは、何よりも物質的な豊かさを追求する「土の時代」であり、これからはそれよりも精神的な豊かさを追求する「風の時代」に、組織や社会は大きく転換するだろう、ということを世間ではよく耳

にします。

そして「土の時代」は、資本主義体制の中で徹底した上意下達のトップの意志によって90パーセント以上は、その盛衰が決まる組織や社会であったと思われます。

これに対して「風の時代」は、縄文文化を象徴する記念モニュメントのストーンサークルにおいて繰り広げられたであろう歌舞に見られるように、組織や社会を構成する一人ひとりの志や意識の総意が中心となり、各自が主役であるとともに、それぞれが各々の役割を担って果たしていくという円環型の組織や社会が、数多く形成され、運用されていくことが予見されています。

いわゆるコミュニティー社会の到来ですが、この社会で、より安らかに、かつ豊かに暮らしていくためには、「ソフトアニミズム」へとつながる、八百万の神々の世界観を有する「神道」や、そのルーツである「縄文文化」についての知識を習得し、自覚して、自己のアイデンティティーを固めて生きていくことが、何よりも大切なことではないかと思い立ち、ここに拙い筆を執らせていただいた次第です。

自然と心が共鳴する幸せな日々をめざして

かつて岡本太郎は、諏訪の御柱祭から縄文文化の脈動と息吹を受け取り、

「縄文がいいんじゃない。

縄文文化が今に脈々と伝わり生きている諏訪はいい」

と熱く語ったと伝えられていますが、いまもわれわれ日本人一人ひとりには自然と最高に共存共生する「神道」、そして「縄文文化」と、1万年にも及ぶ遠い祖先たちの血と感性とが脈々と活き続けています。

そのことを自覚して、ひとつ日々を過ごしてみてはいかがでしょうか？

きっとそこには、いままであまり気づかなかった「幸せで豊かな暮らし」が待ち受けているかもしれません……。

本書では自然と共感共鳴して生きる大切さを提案させていただきましたが、「経営指導の神さま」と讃えられた船井幸雄は、早くからその重要性をわれわれに主張し続けていました。

その意志を受け継いで活躍されている船井幸雄記念館々長・佐野浩一は、「コロナ禍の向こうに見えてくること」というエッセイで、次のように説いています。

「コロナ禍で、「不要不急」という言葉が頻繁に使われました。私たちの日常の行動自体も、「本当に必要なこと」で「本当に〝いま〟やるべきこと」なのかを、少し立ち止まって吟味してみることの大切さを学んだ気がします。思えば、これまで私たちがつくってきたこの世界は、あったら便利だけど、なくてもやっていける「便利さ」や「効率性」で充満しているようにも思えてきます。

船井幸雄は、「自然は、競争も、対立も、策略も、搾取も、秘密などもない……、そして分離もされていません。そう考えますと、われわれが経験する競争や対立などはやはり間違っているといえるでしょう。競争よりは共生の方がいいし、対立よりも互恵の方がいい、策略よりもあるがままの方がいいし、秘密よりも公開の方がいい、そして分離よりも統合した方がいい……。このように《自然の摂理》から考えたら、今の世の中で起こっていることはいかに自然に反する行為が多いかがわかります。そして、《自然の摂理》に従えば、すべてがうまくいきそうです。」

あらためて、この船井のメッセージを最後に記して、コロナ禍の向こうに見えてくることを、皆さんとともに考えて、行動していきたいと思います。「自然の摂理」にしたがって生きること、経営することを、私たちに伝え続けました。」

「自然の摂理に従えば、すべてがうまくいく」

この言葉は、従来の二元的思考の産物である、競争や対立、分離ではなく、一元的思考の共生、互恵、統合を選ぶべきであるという教えを私たちにもたらします。そして、「自然の摂理」に従うことで、私たちの生き方や社会の在り方は、より調和に満ちたものへと変わっていくことでしょう。

「風の時代」に求められるのは、自然と調和し、あるがままの自分を受け入れる勇気です。縄文文化が教えてくれる知恵や叡智を日々の生活に取り入れることで、私たちは未来を幸せで豊かに生き抜いていく力を養うことができるでしょう。

最後に、あるがままの自分を受け入れて生きる勇気をわれわれに与えてくれる良寛辞世の句と、いまに縄文人のＤＮＡを受け継ぎ、これからの時代を「縄文意識」で生き抜いていこうとする方々への応援メッセージ「いとしいあなたへ」（はせくらみゆき『縄文からまなぶ33の知恵』収載）をここに贈らせていただきます。

「うらを見せ　おもてを見せて　散るもみぢ」（良寛辞世の句）

「私たちは、大いなるものによって包まれ、生かされている尊き存在です
私たちは、すべてを包み、愛し和合進展していく力と、すべての中に神を見出す心をもって、今という時代を、あなたとして、生きています。
あなたはもう一人の私であり、私はもう一人のあなたです。

どうぞ、誇り高く進まれますように、どうぞ安心して進まれますように、
あなたを心から愛しています。

by　あなたの内なる縄文人より」

縄文の知恵や叡智に学びながら、私たち一人ひとりが未来を切り拓いていきましょう。

神々に導かれ、自然と共感共鳴する幸せな日々をともに築いていくことを願っています。

著　者

・宮沢賢治『風の又三郎』新潮文庫（新潮社）1989年刊
・ラフカディオ・ハーン（小泉八雲）「極東の将来（The future of the far east）」第五高等学校（現熊本大学）講演　1894年1月27日
・新海誠『小説　天気の子』角川文庫（KADOKAWA）2019年刊
・前田 英樹『保田與重郎を知る』新学社　2010年刊
・今村仁司『交易する人間』講談社選書メチエ（講談社）2000年刊
・福住正兄筆記『二宮翁夜話』（巻之一）1884～1887年刊
・はせくらみゆき『縄文からまなぶ33の知恵』徳間書店　2024年刊
・佐野浩一「コロナ禍の向こうに見えてくること」「船井幸雄.com／トップが語る「いま、伝えたいこと」〝新船井流〟をめざして」2021年2月8日掲載
・谷興征著『本当の輝きに出会う心珠のお話』Total health design
・橋本陽輔『行ってみたら、わかった！　お伊勢さんに秘められたゼロの教え』私家版　2024年刊
・吉川竜実『神道ことはじめ―調和と秩序のコスモロジー』Total health design　2023年刊
・吉川竜実『神道の源流―「縄文（JOMON）」からのメッセージ』Total health design　2023年刊
・吉川竜実「浪と山の対立と合一（二つで一つの縄文思想）」「元気な暮らし」R7年1月号
・本居宣長『古事記伝』三之巻、五之巻
・橘忠兼編『以呂波字類抄』
・『古事記』上巻、中巻
・『日本書紀』神代の巻、巻二、巻三、巻六、巻九、巻十五
・『古語拾遺』
・『万葉集』巻一、巻三、巻五、巻七、巻九、巻十一、巻十三、巻十五、巻十八
・『古今和歌集』／『大宝令』／『延喜式』／『祝詞式』／『皇太神宮儀式帳』／『太神宮本記』／『日本三代実録』／『寛政遷宮物語』／『淮南子』／『三国志』／『豊後国風土記』／『肥前国風土記』／『越後国風土記』

参考文献一覧

・新渡戸稲造『武士道』岩波文庫(岩波書店)1942年刊
・金田一春彦『美しい日本語』岩波書店　1948年刊
・呉善花『日本の曖昧力―融合する文化が世界を動かす』PHP研究所　2003年刊
・小林達雄『縄文文化が日本人の未来を拓く』新泉社　1996年刊
・小林達雄『縄文の思考』ちくま新書(筑摩書房)2008年刊
・小泉保『縄文語の発見』大修館書店　1998年刊
・村上和雄『笑う！遺伝子―笑って、健康遺伝子のスイッチON』サンマーク出版　2006年刊
・池波正太郎『鬼平犯科帳』文春文庫(文藝春秋)1967〜89年刊
・イハレアカラ・ヒューレン『ハワイに伝わる癒しの秘法　みんなが幸せになるホ・オポノポノ』徳間書店　2008年刊
・角田忠信『日本語人の脳―理性・感性・情動、時間と大地の科学』言叢社 2016年刊
・岡本太郎『日本の伝統』光文社知恵の森文庫(光文社)2005年刊
・岡本太郎『沖縄文化論―忘れられた日本』中公文庫(中央公論新社)1996年刊
・岡本太郎「祭り」『仮面と神像』朝日新聞社　1970年刊
・岡本敏子『岡本太郎に乾杯』新潮文庫(新潮社)2002年刊
・岡本敏子「『明日の神話』に寄せて」岡本太郎記念館公式サイト　2008年
・島尾敏雄『ヤポネシア考』(島尾敏雄対談集)葦書房　1977年刊
・柳田國男『海上の道』岩波文庫(岩波書店)1978年刊
・柳田國男「わがとこよびと」(『柳田國男全集』第三十二巻所収)ちくま文庫(筑摩書房)1991年刊
・柳田國男『先祖の話』(昭和20年・1945成立)角川ソフィア文庫(KADOKAWA)2013年刊
・田中基『増補新装版　縄文のメドゥーサ』現代書館　2013年刊
・さとうみつろう『0Lei(上・下)』サンマーク出版　2020年刊
・忍沢成視『貝の考古学』同成社　2011年刊
・三木成夫『胎児の世界―人類の生命記憶』中公新書(中央公論新社)1983年刊
・小田静夫「考古学からみた新・海上の道」「南島考古」2017年7月発行
・松尾芭蕉『奥の細道』岩波文庫(岩波書店)2017年刊
・松尾芭蕉『笈の小文』宝永六年(1709)刊

◎著者紹介

吉川竜実（よしかわたつみ）

伊勢神宮参事。昭和39（1964）年大阪府生まれ。皇學館大学大学院博士前期課程修了後、平成元（1989）年、伊勢神宮に奉職。平成2（1990）年、即位礼及び大嘗祭後の天皇（現上皇）陛下神宮御親謁の儀、平成5（1993）年第六十一回式年遷宮、平成25（2013）年第六十二回式年遷宮、平成31（2019）年、御退位につき天皇（現上皇）陛下神宮御親謁の儀、令和元（2019）年、即位礼及び大嘗祭後の天皇（今上）陛下神宮御親謁の儀に奉仕。奉賽部長。平成11（1999）年第1回・平成28（2016）年第3回神宮大宮司学術奨励賞、平成29（2017）年、神道文化賞受賞。「祈り」と「感謝」をテーマに、神職としての務めを果たしながら、日本人の精神文化や自然崇拝の大切さを伝える活動を展開している。特に近年では、縄文時代から続く自然崇拝の思想や、神道の基盤となる価値観を現代社会に生かす取り組みに注力。講演や執筆を通じて、その思想を広めることに尽力している。著書に『いちばん大事な生き方は、伊勢神宮が教えてくれる』（サンマーク出版）、『千古の流れ――近世神宮考証学』（弘文堂）、『神道ことはじめ――調和と秩序のコスモロジー』『神道の源流――「縄文（JOMON）」からのメッセージ』（Total health design）があり、日本人の伝統的な精神性を再確認し、未来へとつなぐ活動を続けている。

「大和心《やまとごころ》」で生きる

神道のルーツ［縄文JOMONスピリット］

２０２５年４月10日　初版第１刷発行

著者　吉川竜実
発行者　櫻井秀勲
発行所　きずな出版
東京都新宿区白銀町１-13　〒162-0816
電話 03-3260-0391　振替 00160-2-633551
https://www.kizuna-pub.jp/

印刷　モリモト印刷
ブックデザイン　福田和雄（FUKUDA DESIGN）

ISBN978-4-86663-272-8

きずな出版